Car tu portes mon nom

Norbert et Stephan Lebert

Car tu portes mon nom

Enfants de dirigeants nazis, ils témoignent

Traduit de l'allemand
par
Anne Weber

Plon

Titre original
Denn Du trägst meinen Namen

ISBN édition originale, Karl Blessing Verlag :
3-89667-105-7
ISBN : 2-259-19451-6

Prologue

En 1995, une vieille femme meurt. Dans l'avis de décès, une phrase apparaît en exergue : « Où commence le destin finissent les dieux. » Des destins, elle en a eu plusieurs. L'un d'eux voulut que, pendant quarante ans, elle ne pût aller voir son mari que dans une prison kafkaïenne. Pendant des années, il fut l'unique prisonnier de cette taule gigantesque. Jusqu'à ce que les visites cessent : un jour, on le trouva mort dans sa cellule. Sa veuve vécut encore sept ans avant de mourir à son tour. Sur le faire-part de décès, on peut lire : « Elle fut courageuse jusqu'au bout. »

On voulut que le discours funèbre eût un rapport avec la vie de la défunte. Son fils appela un ancien curé, professeur de religion à la retraite, pour lui demander s'il voulait prononcer l'oraison funèbre. Mais le fils posa une condition : l'ecclésiastique devait promettre de ne pas prononcer une oraison trop chrétienne et, surtout, ne pas dire du mal d'Adolf Hitler.

En apparence, ce fut une cérémonie religieuse comme une autre. Des vêtements noirs, des visages pétrifiés. Quelqu'un dit quelques mots. Il faut pourtant préciser quelque chose de spécial. Le nom de l'orateur est Martin Bormann junior, le fils du haut responsable nazi du même nom. Le nom de la défunte est Ilse Hess.

Son nom de jeune fille était Ilse Pröhl. Elle naquit au début du XXe siècle, rencontra très jeune un garçon mince aux yeux cernés, du nom de Rudolf ; beaucoup lui trouvaient déjà à l'époque une aura sombre et inquiétante. Quand Ilse l'épousa, en 1931, elle ne pouvait vraiment pas deviner que son mari deviendrait l'un des criminels nazis le plus gravement coupables, et qu'il allait continuer pendant des décennies à tenir en haleine la politique internationale alors qu'il ne serait plus qu'un détenu solitaire et malade.

Il faut savoir que l'équipe dirigeante nationale-socialiste, même dans la vie et la collaboration quotidienne, avait quelque chose d'une secte. On habitait ensemble à l'Obersalzberg et, quand il y avait quelque chose à fêter, on s'autocélébrait, illustrant ainsi une « amitié pour mille ans ». Grâce à ce mode de vie, Martin Bormann, le fils de l'abominable Bormann, eut un parrain et une marraine très particuliers : l'un était Adolf Hitler, l'autre Ilse Hess. La question était donc aussi de savoir si Martin Bormann allait parler lors de l'enterrement de sa marraine sans dire de mal de son parrain.

Martin Bormann fils, qui fait des conférences dans les écoles sur le thème « Plus jamais de fascisme », mais qui aime son père, prononça l'oraison au cimetière. Auparavant, il se mit d'accord avec Wolf-Rüdiger Hess, le fils. « Je voulais savoir si ce que j'allais dire allait être bien perçu. À un enterrement, le discours est quand même censé atteindre les gens dans leur deuil. »

En 1995, cinq ans après la réunification, proliféraient les nécrologies touchant une autre dictature allemande. Dans certains enterrements des observateurs ouest-allemands voulurent voir des adieux symboliques à la RDA disparue ; par exemple, à peine un an plus tôt, à Berlin, celui de Günter Guillaume, l'espion introduit dans la Chancellerie qui avait provoqué la chute de Willy Brandt. Une fosse ouverte entourée d'ex-agents secrets de haut niveau, dont Markus Wolf — il est clair qu'une telle image déclenche toutes sortes d'interprétations.

Et l'autre cérémonie funèbre, celle qui eut lieu à Munich, quel symbole peut-on y déceler ? À l'écart du public, la dépouille d'Ilse Hess fut mise en terre, où elle rejoignit celle de son mari. Dommage qu'il n'existe pas de photos de l'assistance. On y aurait vu un morceau d'histoire contemporaine. Était venue Gudrun Himmler, fille de l'assassin Himmler. À côté d'elle se trouvait Ilse Todt, fille de Fritz Todt. Beaucoup d'autres visages étaient là, des noms connus de l'époque. À qui voulurent-ils rendre un dernier hommage — seulement à la défunte ? Ou un peu à leur propre vie, aussi ? À un passé très particulier ?

Dans son prêche, Martin Bormann reprit la phrase qui figure dans l'avis de décès : « Où commence le destin finissent les dieux », en la contredisant prudemment, à sa façon, c'est-à-dire d'un point de vue chrétien. Non, la vie ne cesse décidément jamais, dit-il, la mort n'est qu'un passage vers un autre temps.

Il n'aurait pas pu s'exprimer mieux, face à cette assistance, pour évoquer le souvenir de la défunte Madame Hess. Car certaines histoires ne se terminent pas avec la mort, même dans une interprétation athée des choses.

En été 1999, Martin Bormann, âgé de soixante-dix ans à l'époque, eut de nouveau la charge d'un enterrement dans des circonstances compliquées. Cette fois-ci, il s'agissait de son propre père, de ses dernières reliques. Le destin du criminel nazi Martin Bormann après la Seconde Guerre mondiale était resté un mystère. D'abord, il fut considéré comme disparu et, comme c'est souvent le cas des disparus, toutes sortes d'hypothèses avaient été échafaudées : une fois, il avait été vu en Amérique du Sud avec Mengele, puis en Russie ou à différents endroits du monde arabe. La thèse qui parut toujours la plus plausible, à savoir qu'il avait été tué dès le début de mai 1945 alors qu'il tentait de s'enfuir, est restée pendant très longtemps incertaine, bien qu'on eût retrouvé un squelette que l'on considérait comme le sien. Ce n'est qu'après la mise au point d'un nouveau procédé, l'analyse de l'ADN, qui permit de comparer le tissu de ces os avec le sang d'une tante de Bormann, qu'un chercheur a pu affirmer, cinquante-quatre ans après la fin de la guerre, qu'à 99,99 pour cent ces os appartenaient à Monsieur Martin Bormann, né en 1902 en Allemagne du Sud.

Les scientifiques s'enquirent alors de ce qu'ils devaient faire des dernières reliques du nazi. D'après ce que m'a dit Martin Bormann fils, il n'a jamais été question d'un enterrement normal. « Nous ne voulions pas que sa tombe devienne un horrible lieu de pèlerinage pour néonazis, comme la tombe de la famille Hess. » Il a donc fini par demander qu'on fasse incinérer les os de son père. Les cendres devaient ensuite être dispersées en mer, quelque part en dehors des frontières de l'Allemagne. Le lieu précis ne devait pas être rendu public.

La cérémonie eut lieu en août 1999. Ce jour-là, Martin Bormann et ses frères et sœurs se sont réunis « afin de se souvenir avec gratitude du père qui leur a donné vie », selon sa formule. Il en parle de façon très détachée, comme s'il n'était pas concerné. Comme si cela ne changeait pas grand-chose que son père soit vivant ou mort. Sa lutte contre l'ombre continue de toute façon.

Car tu portes mon nom

Je connais Karl-Otto Saur depuis longtemps, et je pensais assez bien le connaître. Nous nous sommes vus pour la première fois il y a plus de quinze ans lorsqu'il enseignait à l'École allemande de journalisme, à Munich. Pendant des années, il fut mon collègue au *Süddeutsche Zeitung* où il dirigeait le service médias. On en vint vite à se tutoyer, Karl-Otto et moi, parce qu'il est un homme aimable et ouvert, ce qu'on appelle un soixante-huitard typique : courte barbe, cheveux en broussaille, peut-être un peu trop longs pour son âge. Ses vêtements ont toujours l'air vaguement négligés, même quand ils ne le sont pas. Je vois dans Karl-Otto un certain penchant sarcastique, parfois même cynique. Et, en politique, il est solidement positionné du bon côté, du côté politiquement correct.

Je connais aussi la fille de Karl-Otto, la jolie Lela. Quand elle s'est mariée, il y a eu une grande fête dans une auberge bavaroise. Bien sûr, toute la famille était venue, les frères de Lela, son père, Karl-Otto, avec sa femme, et Klaus-Gerhard, le frère de Karl-Otto, qui est un éditeur connu. Une famille sympathique dont les membres entretiennent entre eux des rapports très naturels. Une famille qui ne donne pas l'impression de se cacher derrière une quelconque façade. Que le mariage de Karl-Otto ait traversé quelques bas, des années auparavant, n'a jamais été un secret, par exemple.

Or, pendant longtemps, j'ai ignoré un détail : le passé très particulier du père de Karl-Otto. Sa vie vaut en effet la peine d'être racontée. Lorsque Karl-Otto Saur naquit, le 14 mars 1944, vers la fin de la Seconde Guerre mondiale, son père, qui s'appelait également Karl-Otto, était à sa place, comme toujours, dans la direction du ministère de l'Armement, à Berlin. Déjà sous Fritz Todt, Saur avait dirigé un département important, mais, à la mort de Todt décédé dans un accident d'avion, il avait grimpé encore dans l'échelle. Il devint Hauptamtsleiter[1] et donc, *de facto*, l'un des deux adjoints du ministre de l'Armement Albert Speer. « Ministère de l'Armement », cela ne sonne pas trop horrible au premier abord, moins horrible en tout cas que d'autres appellations. Mais il suffit de se souvenir : Speer, Saur et d'autres ont maintenu par tous les moyens la machinerie guerrière de Hitler jusque dans les dernières semaines avant la fin de la guerre. Par tous les moyens : au ministère de l'Armement furent rédigés les ordres qui ont scellé le destin de millions de travailleurs forcés. D'après les estimations des historiens, environ un million de ces travailleurs forcés, utilisés dans l'industrie allemande de l'armement, sont morts. Utilisés, usés : cela s'appelait chez les nazis l'anéantissement par le travail.

Karl-Otto Saur était un homme redouté, dans ces années-là ; il était coléreux et imposait sa volonté avec brutalité. Même les grands patrons de l'industrie tremblaient devant lui. Ses accès de colère, quand les choses n'allaient pas comme il le voulait, étaient légendaires. On peut examiner les photos de l'époque : on reconnaît le gros homme épais, en uniforme du parti, qui se tient souvent à côté d'Adolf Hitler ou d'Albert Speer, l'homme à la nuque de taureau et aux cheveux coupés ras. « Rien

1. Chef de la direction supérieure *(NdT)*.

que d'un point de vue purement optique, mon père était l'image même du méchant nazi », dit son fils aujourd'hui. Longtemps après la fin de la guerre, il racontait fièrement à ses enfants combien ses relations avec Adolf Hitler avaient été bonnes et étroites. « Je ne sais pas combien de fois il m'a raconté que Hitler avait pris congé, une fois, à Noël, en prononçant ces mots dont le caractère personnel était absolument inhabituel : "Joyeux Noël". » Le père n'exagérait pas. De nombreuses sources attestent que Saur était très proche de Hitler. Avant de se tirer une balle dans la bouche, le 30 avril 1945, Adolf Hitler rédigea un testament politique, croyant, dans sa folie, pouvoir nommer les membres d'un nouveau cabinet, malgré les flammes qui encerclaient Berlin. Quoi qu'il en fût, dans sa dernière heure, Hitler nomma Saur successeur d'Albert Speer.

Mon intérêt pour Karl-Otto Saur père et pour sa relation avec son fils a un rapport avec le manuscrit posé devant moi sur mon bureau. Cent quarante-huit pages jaunies. J'imagine très bien mon père écrire ce texte, il y a quarante ans. Tel un oiseau rapace fondant sur sa proie, il enfonçait les touches de sa machine à écrire. Mon père était journaliste, un journaliste passionné, comme on dit. Jusqu'à quelques jours avant sa mort, en hiver 1993, il a travaillé, la bouteille d'oxygène à côté de son bureau. Jusqu'à peu avant sa mort, nous avons discuté ensemble du dernier sujet sur lequel mon père faisait encore des recherches : une sorte d'histoire mondiale des petits grands inventeurs. J'étais assis près de son lit lorsqu'il est mort. Peu avant, une violente tempête de neige associée à un orage avait éclaté. Je me souviens qu'à deux reprises le vent a ouvert la fenêtre de la chambre du malade.

Le manuscrit jauni posé sur mon bureau, rédigé en 1959, que je n'ai lu pour la première fois qu'en 1999, traite des visites que mon père a rendues aux enfants des grands responsables nazis comme Göring, Himmler, Hess et Bormann. Il décrit la vie de ces jeunes gens, à peine quinze ans après la fin de la guerre. Le texte est paru dans la revue *Weltbild*, sous une présentation allé-chante. La série portait le titre : « Car tu portes mon nom ». Je suis né en 1961 et je me souviens qu'on parlait souvent dans ma famille de cette série d'articles, et l'on n'en discutait qu'accessoirement le contenu. De tous ces entretiens, mon père n'évoquait que celui qu'il avait eu avec Gudrun Himmler, la fille de Heinrich Himmler, qui idolâtrait son père. Il disait qu'il avait mis longtemps à gagner la confiance de cette jeune fille profondément méfiante. Elle lui avait fait pitié, à la voir assise en face de lui, toute menue et quasi transparente. Et puis mon père disait toujours : « J'aurais pu la rouler si facilement à l'époque. Mais je ne le voulais pas. »

Cette série me concerne pour une autre raison. À cause de ce reportage, mon père a failli être embauché par le *Stern*, à Hambourg. On avait su, dans le milieu, que, par l'intermédiaire de l'interprète de Hitler et de Mussolini, il avait réalisé des entretiens avec des enfants de nazis, ce qui était extrêmement difficile à l'époque parce qu'ils avaient tous disparu dans l'anonymat. Henri Nannen, le célèbre rédacteur en chef du *Stern*, voulait avoir cette histoire, et il avait fait venir son auteur à Hambourg. Mon père racontait que Nannen avait été très gentil et tout à fait impressionnant. Ce qui était particulièrement impressionnant, c'étaient les moments où la conversation était interrompue. Une fois, un rédacteur appela Nannen, et l'on pouvait entendre, étant donné le volume de la voix, qu'il traitait son patron de tous les noms, à l'autre bout du fil. « Vous voyez », dit Nannen à mon père en souriant, et en éloignant l'écouteur de son oreille, « c'est ainsi que me parlent mes subordonnés. » Peu après, il fit dire par sa secrétaire à un autre rédacteur de s'occuper de telle ou telle chose. Quelques instants plus tard, la secrétaire passa la tête à travers la porte et dit : « Le collègue fait dire qu'il ne s'en occupera pas, étant donné que vous l'avez licencié ce matin. — Qu'est-ce que c'est que ces bêtises ! soupira Nannen. De nos jours, tout le monde prend au sérieux les inepties que je peux proférer à longueur de journée. »

Cette anecdote sur le *Stern*, que l'on racontait souvent dans la famille Lebert, a une suite : mon père avait déjà son billet d'avion, il devait aller à Hambourg pour signer son contrat. Le rédacteur en chef du *Weltbild*, un personnage du nom de Jovy, qui voulait lui aussi récupérer l'histoire ainsi que le journaliste qui en était l'auteur, persuada mon père de boire un café avec lui à l'aéroport, juste avant d'embarquer. Ce Jovy devait être un personnage charismatique. Il disait que *Weltbild* allait devenir un des grands journaux européens et qu'un éditeur suisse incroyablement riche en était le financier. Ses arguments ont dû convaincre mon père, et l'avion décolla sans lui. Il se fit embaucher par *Weltbild*. *A posteriori*, force est de constater que sa décision était mauvaise. Non seulement *Weltbild* n'est pas devenu un journal de niveau international, mais, en plus, il cessa de paraître seulement un an plus tard.

Munich, à la fin des années 90 : Thorsten Schmitz, un collègue et ami qui travaille pour le magazine du *Süddeutsche Zeitung*, me raconta un jour qu'il était en train de faire des recherches sur un sujet difficile. Il y a une organisation qui s'appelle « Stille Hilfe » (aide discrète) et qui soutient de vieux nazis, par exemple une certaine Madame Hermine Ryan-Braunsteiner, jadis surnommée « Kobyla, la jument » parce que, au camp de concentration de Maïdanek, chaussée de lourdes bottes d'équitation ferrées, elle aimait donner des coups de pied aux femmes et aux enfants, parfois jusqu'à la mort. La « Stille Hilfe » doit être une organisation particulièrement redoutable, dit mon collègue. Il y a une femme qui y joue un rôle important ; elle s'appelle Gudrun Burwitz, et on frissonne rien qu'en songeant à sa propre histoire. La femme qui s'occupe si affectueusement des vieux criminels est la fille de Heinrich Himmler.

Gudrun Himmler. La jeune fille fluette et maigre qui avait, d'une certaine façon, fait pitié à mon père. C'est donc ainsi que s'est déroulé son parcours. À la fin de ce siècle que le national-socialisme allemand a envoyé en enfer, Gudrun, la fifille, maintenant elle-même une vieille femme, s'occupe des anciens camarades de route de papa. On dit aussi qu'elle milite au NPD [1]. Une femme complètement bornée et amère.

Gudrun Himmler. Elle vit dans une petite maison mitoyenne au sud de Munich. Elle a épousé un écrivain dont elle a pris le nom. Et elle s'est entourée d'un voile obscur. De ce mariage est née une fille qui, bien sûr, est adulte depuis longtemps. Lorsque mon collègue lui parla, elle fut bouleversée. Ce serait une catastrophe si sa mère apparaissait dans le journal, dit-elle. Personne dans son entourage ne savait de qui sa mère était la fille, « même mon mari ne le sait pas ».

Lorsque je découvre le manuscrit de mon père sur les enfants de nazis parmi les piles de manuscrits qui traînaient dans son bureau, l'idée fait vite son chemin dans ma tête : quarante ans plus tard, je voudrais retourner voir ces gens, dans la mesure où ils sont encore vivants et où ils veulent bien me recevoir, moi, le fils de leur ancien interviewer. J'envisage quelque chose comme un documentaire, avec des images d'archives d'une époque depuis longtemps révolue. Un voyage dans le temps à travers une bonne demi-douzaine de destins liés à la sanglante histoire allemande par un seul élément : leur nom.

Je prends le train pour Dortmund où Martin Bormann vient me chercher à la gare. Il a les cheveux blancs, il est très aimable et très chrétien. Pendant de longues années, il a travaillé comme missionnaire en Afrique. Il raconte qu'il a dû revenir parce qu'il avait attrapé une grave infection vermineuse. À l'Institut des maladies tropicales, à Hambourg, où il a été soigné, un médecin lui a raconté

1. Parti d'extrême droite en Allemagne *(NdT)*.

que, peu avant, ils avaient eu un patient qui, lui aussi, souffrait d'une maladie vermineuse et dont le nom allait peut-être l'intéresser. Il s'agissait de Wolf-Rüdiger Hess, le fils de Rudolf Hess, que mon père avait accompagné, un jour de janvier 1959, quand il était passé devant le conseil de révision. Il avait justifié son désir d'être réformé en disant qu'il ne pouvait pas se battre pour le pays qui avait emprisonné son père. Aujourd'hui, il vit à Munich, dans une maison mitoyenne, persuadé que son père a été assassiné dans sa prison de Spandau.

Ainsi se sont croisés, à la fin des années 60, les chemins des fils de Hess et de Bormann, dans un institut de maladies tropicales hambourgeois, une clinique méritoire avec une longue tradition, mais où travaillent tout de même quelques médecins dont les noms ont été mentionnés à propos des horribles expériences sur l'homme pratiquées pendant le nazisme. Ou bien tout cela est-il formulé de façon trop racoleuse ? Peut-être doit-on considérer les faits beaucoup plus froidement : deux hommes, tombés malades à l'étranger, sont soignés en Allemagne dans une clinique spécialisée. Est-ce de leur faute s'ils portent le nom qui est le leur ? Et qu'un hôpital ait lui aussi un passé nazi, qu'est-ce que cela signifie ? Y a-t-il donc une seule institution en Allemagne dont l'histoire ne porte pas des taches brunes ?

À Munich, l'avocat Klaus von Schirach m'accueille avec ces considérations d'ordre statistique : tous les deux ans et quelques semaines, un journaliste se met en contact avec lui, dit-il, « je peux régler ma montre en fonction de ça ». La dernière fois, cela avait été des journalistes du Japon qui avaient trouvé que les enfants de nazis, c'était un sujet qui valait d'être ressorti. Dégoûté, il me parle de ce voyeurisme : « Nous ne sommes pas un sujet, je ne vois pas quel sujet nous serions. » En disant « nous », il parle entre autres d'Edda Göring, la fille unique de Hermann Göring, à propos de laquelle mon père a écrit : « Elle est restée la princesse que l'éducation de Hermann

Göring a fait d'elle. » Klaus von Schirach raconte qu'Edda et lui se voient régulièrement et qu'ils parlent beaucoup. C'est lui qui me met en contact avec Edda Göring qui vit dans le quartier de Lehel, à Munich, complètement isolée et assez amère.

Je fais un voyage dans le temps qui me fait tressaillir, par moments. Par exemple, quand Klaus von Schirach me parle d'une très vieille femme qui continue à se souvenir avec plaisir de son ancien patron. Schirach et Madame Junge se sont encore parlé au téléphone peu de temps auparavant. Elle a été la dernière secrétaire d'Adolf Hitler et, dans sa dernière conversation téléphonique avec Schirach, elle lui a raconté que Hitler avait toujours été très gentil avec elle, qu'il lui apportait de petits cadeaux, du rouge à lèvres, du fond de teint. Et ce alors que son agitateur Goebbels ne cessait de répéter que la femme allemande ne devait pas utiliser ces produits contre nature. C'est qu'Adolf Hitler, après tout, n'avait été qu'un homme, lui aussi, dit-elle.

Ce sont des histoires de famille hors du commun. On peut étudier à leur exemple combien les liens familiaux peuvent être fatals. Quand on est assis en face de Niklas Frank, le fils de Hans Frank, gouverneur général de Pologne, on ne peut faire autrement que de songer aux tragédies de Shakespeare. Si l'enfer d'Auschwitz a été organisé par des diables, alors Hans Frank a été le chef de ces diables. Mon père a vu en Niklas Frank un jeune homme critique qui s'apprêtait à affronter l'horrible vérité de sa famille. Quarante ans plus tard, il me raconte, dans une pizzeria hambourgeoise, la malédiction qui s'attache au nom de Frank. La fin misérable de ses frères et sœurs. Sa propre haine désespérée. « Si j'ai haï mon père à ce point-là, dit Niklas Frank, c'est sans doute aussi parce que j'ai souvent découvert en moi certains de ses traits. » Il rit en prononçant de telles phrases. C'est un rire gai, communicatif. Seulement, quelque chose ne sonne pas juste, dans ce rire, l'ambiguïté n'en fait qu'augmenter l'horreur. Ou est-ce que c'est justement cette ambiguïté qui sonne juste ? Niklas Frank : « La seule chose qui reste, dans la vie, c'est le côté grotesque. »

Aujourd'hui, on sait beaucoup de choses dans le domaine de la psychologie familiale. On sait quelles sont les conséquences pour un enfant qui vit le divorce de ses parents, on sait que, si l'on n'est pas vraiment aimé pendant les trois premières années de sa vie, la confiance originelle en est détruite à jamais. On sait que les désirs inassouvis du père et de la mère se transmettent imperceptiblement, mais avec d'autant plus de force, aux enfants. On sait que l'enfance malheureuse des parents a une influence sur l'avenir de leurs descendants. D'une manière générale, dans notre monde moderne et rationnel, l'importance primordiale des relations parents-enfants est communément admise.

Il paraît d'autant plus étrange que la question suivante n'ait toujours pas été examinée à fond : que signifie, pour ce pays appelé Allemagne, le fait que les criminels, les hommes de main et la majorité silencieuse du Troisième Reich aient eu des enfants et des petits-enfants à qui ils ont transmis leurs agressions, leur lâcheté, leur cruauté, leur silence, leurs mécanismes de refoulement ? Dans n'importe quelle thérapie, il est important de savoir si le grand-père du patient s'est opposé à ce que son fils exerce le métier qu'il avait choisi. Se pourrait-il que le fait d'avoir un père ou un grand-père assassin reste sans incidence sur la vie des enfants ?

Si l'exposition sur la Wehrmacht[1] a été à ce point critiquée, c'est qu'elle montre au grand jour un aspect du Troisième Reich tenu longtemps secret : même les soldats allemands ont participé aux crimes les plus atroces pendant la Seconde Guerre mondiale. C'est évident et, normalement, un tel constat ne devrait plus provoquer qu'un

1. Exposition très controversée sur la Wehrmacht qui a circulé en Allemagne dans les années 90 *(NdT)*.

haussement d'épaules, au bout d'un demi-siècle. Mais pendant trop longtemps, et jusque dans le millénaire suivant, on s'est bricolé une vision de l'Histoire qui se résume à une formule simple : il y a eu les méchants nazis d'un côté, et le reste des Allemands de l'autre.

Il n'y a pas eu le soldat allemand, pas plus que le national-socialiste allemand ou le SS allemand. Il n'y a pas eu non plus le suiveur ni le résistant allemand. Il y a eu des criminels de premier et de deuxième, peut-être aussi de troisième rang. Il existe différentes formes de suivisme. On peut le nier autant qu'on voudra, cela ne changera rien : la responsabilité collective des Allemands dans cet « empire de mille ans » qui aura duré douze ans est devenue l'héritage du peuple allemand, de même que la façon dont nous manions cette responsabilité aujourd'hui et dont nous l'avons maniée dans le passé.

Quand je me souviens de mon père, je le vois assis à la table à manger, la plupart du temps une cigarette à la main et une tasse de café posée devant lui. Né en 1929, il avait grandi dans une famille d'accueil ; un soir de réveillon, son père, serveur dans le restaurant d'un hippodrome, avait tenu à montrer son petit appartement à une jeune fille de quinze ans. L'histoire de l'hippodrome a une certaine importance génétique car mon père est devenu par la suite un habitué des champs de courses. Et moi aussi, plus tard. Preuve qu'on ne peut rien contre l'hérédité.

Mon père était un membre enthousiaste des Jeunesses hitlériennes, à la fin il était même chef d'une petite section munichoise, il en parlait souvent. Dans la cuisine, ils avaient épinglé une grande carte du monde, et il y avait des petits drapeaux partout où les soldats allemands avançaient, en tout cas au début. Il m'a raconté que lui, qui avait quinze ans à l'époque, n'avait pas vécu l'effondrement de 1945 comme une libération, mais comme une défaite. Il n'en parlait jamais pour dire : enfin, j'étais encore très jeune à l'époque. Il disait au contraire toujours : il n'y a pas de doute ; si l'issue de la guerre avait été différente, j'aurais fait carrière chez les nazis. « Mon Dieu, qu'est-ce que je serais devenu ? » Chaque fois, cela lui faisait un petit coup au cœur. Toute tentative pour savoir un tant soit peu ce qui avait pu le motiver à l'époque se terminait en queue de poisson. Peut-être est-ce pour cela que ses portraits d'enfants de nazis sont écrits presque avec douceur, sans méchanceté aucune, avec presque trop de compassion.

Ce livre propose des destins intéressants dont chacun pourrait fournir la matière d'un film ou d'un roman. Ces vies sont beaucoup plus proches de nous que nous le voudrions. Livrés à un nom, ces gens ont dû choisir — contrairement à beaucoup d'autres — quelle voie ils voulaient adopter par rapport au passé, de quelle manière ils voulaient l'affronter. Hélas, certains d'entre eux ont marché dans les pas de leur père.

Je me souviens d'avoir souvent éteint la télévision, jadis, quand on passait une fois de plus un documentaire sur le national-socialisme. D'accord, me disais-je, c'était atroce, mais on le sait bien que c'était atroce. Après la conversation avec Klaus von Schirach, je me suis retrouvé dans la Leopoldstrasse, à Munich, et je me suis rendu compte, tout à coup, à quel point cette histoire-là était présente dans mon esprit. Le parallèle national-socialisme = Holocauste a eu pour conséquence que mes réflexions se terminaient toujours dans l'horreur. Cette horreur, je la classais comme une part de l'enseignement scolaire. Elle était ritualisée, transformée en histoire des victimes à la télévision ou au cinéma.

Schirach m'a parlé de la force esthétique des Jeunesses hitlériennes, qui étaient l'œuvre de son père Baldur von Schirach. Et brusquement je revois une photo qui a été beaucoup reproduite dans les journaux récemment. On y voit cinq jeunes hommes impeccablement habillés, de jeunes écrivains qui discutent de la situation du monde et qui se prennent pour une élite, appartenant à une classe supérieure. Ce sont ces cinq hommes-là qui passent d'une certaine façon pour être des représentants de notre époque, probablement parce qu'ils ont l'air si arrogants et misogynes. Et soudain je ne peux m'empêcher de me demander si ces messieurs ne seraient pas allés drôlement bien avec les garçons de jadis. Je ne veux pas dire par là que, de notre point de vue d'aujourd'hui, ce soient des nazis. Je me demande simplement si, à cette époque-là aussi, ils n'auraient pas été pris pour les représentants idéals de l'esprit — glacial — de l'époque.

On s'aperçoit à des détails à quel point on est marqué par quelque chose, le passé par exemple. Une fin d'après-midi, j'ai discuté avec Karl-Otto Saur de l'opportunisme. Et j'ai compris brusquement pourquoi lui et son frère ont des cheveux trop longs. Je voyais devant moi l'image de leur père : toujours la nuque rasée. La nuque de taureau lisse.

Le manuscrit de 1959
Wolf-Rüdiger Hess

« Au suivant, s'il vous plaît », hurle un homme en passant sa tête dans le couloir. Sur les bancs, dans le couloir du conseil de révision du département Munich I, 45 Kaulbachstrasse, sont assis les jeunes hommes nés en 1937. En attendant leur tour, ils fument des cigarettes, racontent des blagues, jouent aux cartes.

Le prochain à passer est Wolf-Rüdiger Hess, muni de chaussons et d'un maillot de bain, comme la convocation le précisait. Car en démocratie, on ne subit plus l'examen médical tout nu.

En maillot de bain et chaussons, Wolf-Rüdiger Hess avance vers l'équipe médicale. Tout se passe selon la routine. L'examen de la vue est satisfaisant. La tension et le pouls sont normaux.

« Vingt flexions des genoux, s'il vous plaît. »

Le cœur est en bon état. Les poumons aussi. Le jeune homme est apte au service militaire. On établit son livret militaire.

Le psychologue militaire est installé dans le bureau voisin. « Quelle corps d'armée préférez-vous ?

— Si je ne devais pas refuser le service militaire, je m'intéresserais aux chasseurs alpins », dit Wolf-Rüdiger Hess.

Pendant un instant, le silence se fait dans la pièce. Le

soleil projette des rayons obliques sur le sol lisse. Quelque part, un téléphone sonne.

« Pourquoi devez-vous refuser le service militaire ? demande le psychologue.

— Mon père est détenu à Spandau. Je suis le fils de Rudolf Hess. Comprenez-vous ? »

Mais le psychologue militaire du conseil de révision du département Munich I n'a pas besoin de comprendre. Les questions de conscience ne sont pas de son ressort.

« Écrivez vos raisons à la commission de réforme... »

Wolf-Rüdiger Hess se rhabille, range le maillot de bain et les chaussons dans son cartable et s'en va. À quelques pas de là se trouve le jardin anglais. Les pelouses sont couvertes de marguerites blanches. On sent le parfum des fleurs de tilleul.

Il est 2 heures passées. Le prochain cours commence à 4 heures. La statistique des ponts, par le professeur Huber. Il lui reste deux heures à tuer. Il allume une cigarette et flâne à travers le parc. Un jeune homme de belle allure, grand, châtain foncé, aux yeux clairs, âgé tout juste de vingt-deux ans.

Il s'arrête devant une clôture derrière laquelle se trouve un petit potager avec des parterres de salades, des tomates, des tournesols. Son père a un potager, lui aussi, à Spandau. Il en parle beaucoup dans ses lettres. « Ces temps-ci, je deviens expert en culture de tomates... » ou « Cette année, je plante surtout des tournesols... » ou « On m'a désigné pour le département des carottes... ».

Ainsi passent les années. Après les carottes, le prisonnier de Spandau plante des pommes de terre. Et un an plus tard des oignons. Entre-temps, ils lui ont écrit pour lui souhaiter son soixantième anniversaire. Puis, il y a quelques semaines, son soixante-cinquième.

Pour Wolf-Rüdiger Hess, il est difficile de s'imaginer son père. Les photos dans l'album de famille ont vingt ou trente ans. Depuis, un seul photographe a réussi, par-dessus les murs et les barbelés, à capter avec un téléobjectif les ombres des détenus. Une de ces ombres était Rudolf Hess — son père.

Le fils ne possède de lui que des lettres, d'Angleterre, de Nuremberg, de Spandau. Rien d'autre, même pas un souvenir. Il n'avait que trois ans quand Rudolf Hess est parti en avion en Angleterre. Les enfants de trois ans n'ont pas de souvenirs, habituellement.

Wolf-Rüdiger Hess poursuit son chemin. Il a un sandwich dans son cartable. (Il le donnera aux cygnes et aux canards dans le Kleinhesseloher See.) Il n'a pas faim aujourd'hui.

Soudain il pense aux tournesols. Est-ce que les grains que son père a mis en terre ont germé ? Il le lui demandera dans sa prochaine lettre. Wolf-Rüdiger Hess n'est jamais allé à Berlin ni à Spandau. Si c'est pour fixer du regard les murs et les miradors... à quoi bon ?

Rudolf Hess est le seul détenu à Spandau qui refuse de recevoir de la visite. « Dans des conditions que je considère comme indignes, je ne rencontrerai personne dans cette prison... » Aujourd'hui, Wolf-Rüdiger Hess comprend cette attitude. Mais quand il était petit garçon, en septembre 1946, il ne comprenait pas...

Avec sa mère, il avait pris le train de Hindelang à Nuremberg, les voitures étaient bondées, il fallait changer à Kempten, puis à Augsbourg. Bien sûr, ils n'obtinrent pas de places assises. Serrés l'un contre l'autre, ils voyagèrent debout dans le couloir. Quelques voyageurs avaient déplié des journaux. Le procès faisait la une, en lettres gigantesques. C'était ainsi depuis des mois. Le garçon pouvait lire les titres et entendre les commentaires des gens.

« Peut-être Hess va-t-il s'en sortir, dit quelqu'un.

— C'est possible, répondit une voix enrouée.

— Celui-là, ils vont finir par le mettre dans une maison de fous. »

Le garçon serra la lettre qu'il avait dans sa poche. « Prison of War, Rudolf Hess, Nuremberg » — c'était l'adresse de l'expéditeur. La lettre était adressée à lui tout seul. Le garçon en savait chaque mot par cœur.

« Mon cher Buz,

« Je te remercie de ta lettre dans laquelle tu m'informes que tu ne veux plus devenir conducteur de locomotive pour t'occuper des wagons basculants de la déchetterie munichoise, mais aux vrais grands chemins de fer. Je te donne d'ores et déjà mon autorisation. Je ne comprends que trop bien que tu aies envie de foncer. Tu pourrais certes aller encore plus vite si tu devenais pilote. Mais probablement n'es-tu jamais monté dans un avion et ne sais-tu pas du tout l'effet que cela fait. Enfin, tu as encore le temps d'y réfléchir. Quant à l'idée de devenir conducteur de tramway, j'y renoncerais : il avance trop lentement, par rapport aux autres, et il doit sans arrêt freiner à cause des voitures, des vélos, des piétons ou des chiens qui traversent sa route... »

Le train se pencha dans un virage.

« Ou alors on coupera la tête à tout le monde », dit la voix rouillée.

Dans la gare centrale de Nuremberg, le garçon et sa mère descendirent du train, fatigués et nerveux. La coupole, criblée de trous de balles, laissait passer la pluie. Des gens étaient couchés sur les quais et dans le hall.

Les deux voyageurs passèrent la nuit quelque part dans le centre-ville.

Le lendemain, Wolf-Rüdiger Hess vit le palais de justice de Nuremberg. Sa mère et lui traversèrent de longs couloirs interminables. On les contrôla et les conduisit d'un service à l'autre, d'une pièce à l'autre. Des visages toujours différents. Une fois, un grand Américain lui serra la main. Il ne comprit pas ce qu'il disait. Peut-être Hess va-t-il s'en sortir, avait dit l'homme dans le train. Dans la main gauche, le garçon tenait la lettre. Il voulait se montrer courageux, devant son père, et lui dire qu'il y avait réfléchi et qu'il voulait devenir pilote...

Dans tous les couloirs, des soldats lourdement armés patrouillaient ; ils portaient des casques blancs et des gants blancs. Certains murs étaient rembourrés de sacs de sable. Wolf-Rüdiger ne comprenait pas pourquoi. Il ne voulait pas demander non plus.

Une heure plus tard, lorsqu'ils retraversèrent Nuremberg, sous la pluie, Wolf-Rüdiger ne dit plus un mot. Il luttait contre les larmes. Le petit avocat qui défendait son père lui avait transmis le message : « Monsieur Hess vous prie de le comprendre. Il veut garder un souvenir heureux de sa famille... Il ne veut pas la voir ici, entre les grilles et les gardiens. Il m'a chargé de vous transmettre ses pensées... »

C'est ainsi que les choses s'étaient passées, à l'époque. Quelques jours avant que le tribunal militaire international le condamne à la prison à perpétuité.

Wolf-Rüdiger Hess donne les dernières miettes de pain aux canards du Kleinhesseloher See. C'est une merveilleuse journée de printemps. Au restaurant du lac, les garçons servent des coupes de glace. Dans les barques se balancent des lampions. À l'époque, dans les ruines de Nuremberg, personne ne songeait à des coupes de glace ni à des lampions. Il avait huit ans et portait un costume bleu marine. Aujourd'hui, il porte un pantalon près du corps et une chemise déboutonnée en haut. Il ne veut devenir ni conducteur de locomotive ni pilote...

Il regarde sa montre. Il est 3 heures et demie passées. Il faudrait qu'il rejoigne vite la Faculté technique, maintenant. Mais il décide de faire une croix sur la statique des ponts, aujourd'hui. Je suis le fils de Rudolf Hess... Le comité qui examine les demandes de réformation ne se contentera pas de cette phrase. Il va falloir que je justifie tout très précisément, se dit-il.

Peu après 4 heures, il sonne au cabinet de l'avocat Alfred Seidl, dans la Neuhauserstrasse.

« Qui dois-je annoncer ?

— Wolf-Rüdiger Hess. Et dites peut-être Nuremberg, il comprendra. »

On le fait entrer tout de suite. Monsieur Seidl se lève, derrière son bureau. Le jeune Hess le dépasse de deux têtes. « C'est donc vous, le petit garçon...

— Oui.

— Asseyez-vous, je vous prie. » Monsieur Seidl écarte une pile de dossiers et examine le jeune homme. Lorsqu'il se chargea de la défense de Rudolf Hess, en 1946, il était encore inconnu. Aujourd'hui, c'est un avocat célèbre. Il a participé à des centaines de procès, défendu des grands et des petits, des directeurs, des maquereaux, des innocents et des coupables. Mais aucun procès ne lui est resté aussi présent à l'esprit que celui d'il y a treize ans, dans la salle du tribunal de Nuremberg, avec ses vingt et un accusés, où le code civil n'était pas en vigueur, où les accusateurs portaient des uniformes étrangers et où, du cadre des protocoles, s'élevait l'esprit de millions de morts innocents...

« Vous ressemblez beaucoup à votre mère, dit monsieur Seidl. Vous n'avez de votre père que les yeux, n'est-ce pas ?

— Oui », répond Wolf-Rüdiger Hess en hésitant. Tous ceux qui ont connu son père le disent. Ce doit donc être vrai.

« Vous travaillez déjà ?

— Non, je fais encore des études. Pour être ingénieur. Ici, à la Faculté technique.

— Et vous vivez à Munich, aussi ?

— En sous-location, oui. »

Les deux hommes discutent un peu. Des projets, de l'avenir. Mais les pensées de l'avocat reviennent toujours vers le passé. La voix et certains gestes du jeune homme lui rappellent le père, l'accusé principal numéro deux, son client. La tête penchée, le visage exprimant l'indifférence, il était assis pendant des mois à côté de Hermann

Göring. Aucun mot ne passa ses lèvres. Les vingt autres accusés étaient montés à la barre des témoins pour se défendre. Seul Rudolf Hess demeura muet. Jusqu'au dernier jour où il déclara : « Je ne regrette rien. Si je me retrouvais au début, j'agirais de la même façon... »

« Comment va votre père ? » s'enquiert monsieur Seidl.

« Merci. Comme vous le savez, il supporte la solitude. Il est emprisonné depuis près de vingt ans.

— Mais il continue à refuser de signer un recours en grâce.

— Oui », dit Wolf-Rüdiger Hess.

Dehors, dans l'antichambre, retentit le bruit des machines à écrire. Le téléphone sonne. À travers la fenêtre ouverte, on entend les tramways qui passent.

« Au fait, avez-vous le droit de lui envoyer des photos de vous ? demande monsieur Seidl.

— Oui. C'est autorisé. Nous lui avons envoyé beaucoup de photos. Mais il a écrit à ma mère qu'au fond, il ne sait pas pour autant à quoi je ressemble. Il écrit que je suis différent sur chaque image, selon l'ambiance, l'éclairage, la direction du regard... »

L'avocat hoche la tête. « Qu'est-ce que je peux faire pour vous ? finit-il par demander.

— Je suis passé devant le conseil de révision, ce matin. Je suis apte, bien sûr. Mais je voudrais refuser le service militaire. Tant que mon père sera emprisonné à Spandau, je ne deviendrai pas soldat. Je dois donner des raisons précises à la commission. Et, pour cela, il me faut la minute du jugement de mon père. »

Monsieur Seidl appuie sur un bouton. « Apportez-moi le dossier Rudolf Hess, s'il vous plaît. Et après, je ne veux plus être dérangé. »

Dès le soir, dans la chambre qu'il sous-loue à Bogenhausen, Wolf-Rüdiger Hess écrit une longue lettre à la commission de réforme. La lettre est datée du 8 juin 1959.

« ... je suis tout à fait prêt à vous expliquer de vive voix les circonstances précises de l'emprisonnement de mon père à Spandau... Le 30 septembre/1er octobre 1946, mon père a été jugé non coupable, par le tribunal militaire international, de crimes de guerre (point d'accusation nº 3) et de crimes contre l'humanité (point d'accusation nº 4). Il a été jugé coupable en ce qui concerne les points 1 et 2 — préparation d'une guerre d'agression — et condamné à la prison à perpétuité...

« ... le jugement précise, dans le cas de mon père, qu'il a soutenu activement les préparations de la guerre. Pour justifier cet avis, le tribunal renvoie au fait que mon père, le 16 mars 1935, a signé la loi qui rendait le service militaire obligatoire...

« ... le tribunal de l'époque se composait, à l'exception de l'URSS, uniquement de membres de l'actuelle OTAN à laquelle, comme vous le savez, est intégrée la Bundeswehr allemande. Vous comprendrez sûrement que ma conscience m'interdit d'effectuer le service militaire pour le compte de ceux qui ont jugé mon père. »

Cette lettre est la première pièce d'un dossier qui sera ouvert au conseil de révision de Munich I sous le numéro PA-110/59/IV/37 et qui inaugurera le cas Wolf-Rüdiger Hess, un cas qui sera examiné à différents niveaux et traversera les médias.

La villa des Hess était située dans la Harthauserstrasse, à Munich, au bord de l'Isar ; elle disposait d'un parc, d'une piscine et d'un terrain de tennis. C'est ici que Wolf-Rüdiger naquit le 18 novembre 1937. Hitler fut son parrain.

Le jour qui bouleversa la vie de la famille Hess fut le 10 mai 1941. Depuis quelques jours, Rudolf Hess était à la maison. À midi, il reçut Alfred Rosenberg avec qui il parla en tête à tête pendant environ une heure. Puis il se retira dans son bureau.

Vers 2 heures et demie, il se présenta soudain devant sa femme dans un accoutrement étrange. Il portait un pantalon gris-bleu, une chemise bleue et de hautes bottes de pilote.

« Que se passe-t-il ? demanda Ilse Hess.

— J'ai reçu un coup de fil. Malheureusement, mon congé est terminé. Il faut que j'aille à Berlin tout de suite.

— Quand rentreras-tu ?

— Je ne sais pas encore très bien... »

Hess alla dans la chambre d'enfant, mais le petit Wolf-Rüdiger dormait. Quelques minutes plus tard, Ilse Hess entendit le compresseur de la Mercedes.

Le surlendemain soir, le plus jeune adjudant de Hess apporta la nouvelle : « Rudolf Hess s'est écrasé en avion au-dessus de la mer du Nord, il est probablement mort. »

Ilse Hess chercha à joindre d'urgence le gouvernement, au Obersalzberg. Mais elle n'eut pas Hitler au téléphone. C'est le Reichsleiter Bormann qui répondit. « Nous ne savons encore rien de définitif », dit-il.

Ce n'est que le 13 mai qu'arriva l'information selon laquelle l'adjoint du Führer avait sauté en parachute, au-dessus de l'Écosse, d'un ME 110, « dans un moment de trouble mental », commentait la presse nazie. On n'en arrêta pas moins les collaborateurs, adjudants, secrétaires, chauffeurs et amis de Rudolf Hess.

Ilse Hess quitta Munich, avec son petit garçon, et s'installa au Bürgle, dans une jolie petite maison de vacances dans l'Allgäu, à Hindelang. La villa de la Harthauserstrasse demeura vide.

« Nous avions deux poneys au Bürgle, raconte Wolf-Rüdiger Hess en évoquant cette époque. Ma grand-mère et ma tante habitaient chez nous. À part ça... — il hausse les épaules — ... je ne me souviens que de ma première journée d'école.

— Aviez-vous des nouvelles de votre père ? demandé-je.

— Par la Croix-Rouge internationale, on a reçu

quelques lettres. La première n'est arrivée qu'au bout de huit mois. Elle ne disait pas grand-chose car mon père devait feindre d'avoir perdu la mémoire, en Angleterre.

— Vous savez, monsieur Hess, qu'on a longtemps fait croire que votre père avait réellement perdu la mémoire et la raison.

— Je pourrais vous prouver cent fois le contraire, dit le jeune Hess. Mais mon père s'en est chargé lui-même. Il ne voulait en aucun cas qu'on le juge hors d'état d'être entendu. C'est pour cela qu'il a déclaré officiellement à la cour qu'il avait feint la perte de mémoire, en Angleterre, pour des raisons tactiques...

— Cette déclaration a-t-elle suffit ?

— Elle a suffit puisque mon père se souvenait encore de toutes les questions que lui avaient posées les psychiatres anglais. Il se souvenait même des mauvaises réponses qu'il leur avait données. Et bien sûr aussi des bonnes réponses.

— Pourquoi a-t-il adopté cette tactique, au fait ?

— Dans sa lettre d'adieu, mon père a conseillé à Hitler de le faire passer pour fou, au cas où son plan en Angleterre échouerait. »

Wolf-Rüdiger Hess ne s'intéresse au contexte historique que dans la mesure où il concerne le cas de son père. « Je ne me préoccupe pas d'autres questions politiques. Cela vaut pour le présent et aussi pour le passé. »

Lorsque, en mai 1945, des Français et des Marocains occupèrent l'Allgäu, le fils du premier adjoint du Führer en était à sa troisième année d'école primaire. Un capitaine français interrogea sa mère et fit fouiller la maison, à la recherche de documents secrets. En dehors de cela, il ne se passa rien. On essayait tant bien que mal de s'en sortir, la grand-mère, la tante, la mère et le petit garçon. Comme des millions d'autres Allemands. Et on ne s'en sortait ni mieux ni moins bien.

À Hindelang, Wolf-Rüdiger Hess était appelé « Buz » par tout le monde. Et les fils de paysans et d'artisans qui étaient assis sur les bancs de l'école à côté de lui se fichaient de savoir qu'il était le fils d'un célèbre nazi. Buz jouait au foot et il skiait diablement bien. À Hindelang, cela suffisait largement.

D'ailleurs, à la fin de la guerre, la plupart des enfants n'avaient pas de père à la maison. Les pères allemands se trouvaient dans des hôpitaux militaires ou dans des camps de prisonniers, ils étaient tombés ou portés disparus.

Le père de Wolf-Rüdiger fut transféré d'Angleterre à Nuremberg à la fin de l'automne 1945. À Hindelang, ils prirent connaissance de la nouvelle dans le journal. Mais la première lettre n'arriva qu'en janvier 1946. « Ne vous laissez pas abuser par les mauvaises photos prises au flash ni par les comptes rendus tendancieux, d'où qu'ils viennent. Je n'ai changé ni intérieurement ni extérieurement par rapport à avant. Bien sûr, j'ai maigri : je fais exprès de manger peu parce que je me sens beaucoup mieux ainsi... »

Toutes les semaines, Buz envoyait une lettre à son père, dans la prison de Nuremberg. Il y était question de matchs de foot, de chiens et de chats, de l'école, de la piscine, de petits soucis enfantins.

« Évidemment, quant au verdict, il faut s'attendre à tout : la mort, la prison, la maison de fous... », écrit l'adjoint du Führer à sa femme, le 2 septembre.

Le 1er octobre, ils sont assis devant le poste de radio, à Hindelang, et ils écoutent en silence la minute du jugement : « Hess fut le confident personnel le plus proche de Hitler... La personnalité dirigeante du parti nazi... Il a soutenu la politique de Hitler en vue d'un réarmement énergique... participant docilement aux attaques contre l'Autriche, la Tchécoslovaquie et la Pologne... »

Le lendemain, un camarade de classe dit à Wolf-Rüdiger Hess pendant la récréation : « L'essentiel, c'est que ton père soit en vie. Tu viens à la chorale cet après-midi ? »

Il hoche la tête. « Non. Pas aujourd'hui. »

C'est tout ce que ces enfants de neuf ans se dirent à ce sujet.

La famille Hess dut quitter le Bürgle. On emménagea provisoirement à l'auberge Hirsch, jusqu'à ce que quelques chambres se libèrent dans une ferme à Bad Oberdorf. Ilse Hess vendit des bijoux. Buz entra au collège de Hindelang.

Le 3 juin 1947, un agent de la police locale frappa à la porte.

« Je dois vous emmener, madame Hess, dit-il.

— M'emmener... Est-ce que cela signifie que je suis arrêtée ?

— Quelque chose comme ça, murmura le commissaire. En tout cas, il vaut mieux que vous emportiez votre brosse à dents...

— Pourquoi m'arrête-t-on ?

— C'est à la demande du ministère bavarois. »

Ilse Hess enleva son tablier de cuisine, mit quelques affaires dans une petite valise et tapota l'épaule de son fils : « On ne va pas se laisser ébranler par ça, n'est-ce pas ?

— Non », dit Wolf-Rüdiger.

Il courut au grenier à foin et regarda par une petite fenêtre sa mère qui s'éloignait à côté du policier.

Sera-t-elle condamnée à la perpétuité, elle aussi ?

Ilse Hess fut d'abord emmenée à la prison de Sonthofen. Le 6 juin, elle fut transférée au camp de travail et d'internement de Göggingen, près d'Augsbourg. Elle emménagea au baraquement V, chambre 5.

Le camp de Göggingen était séparé en un camp pour femmes et un camp pour hommes. Des baraquements et, tout autour, des barbelés, des miradors...

Dans ce camp allaient bientôt jouer des enfants. Des enfants qui portaient les noms de Hess, de Göring, de Frank, de Schirach. Beaucoup d'entre eux se rencontrèrent ici pour la première fois, et la plupart ne se revirent plus jamais après. Le camp de Göggingen fut le dernier point de jonction commun de leur destin.

Qui étaient les pères ?

Pour la fuite, il prit un autre nom : Heinrich Hitzinger, adjudant. Il pensait qu'il valait peut-être mieux être un petit, finalement, un parmi tant d'autres. Pour qu'on ne le reconnaisse pas, il avait rasé sa moustache et fermé l'œil gauche avec un bandeau noir. Et, probablement, il aurait pu rester incognito pendant assez longtemps. Le 22 mai 1945, lorsqu'il fut pris, en même temps que quelques fidèles, par une patrouille britannique, près de Hambourg, personne ne remarqua d'abord ses faux papiers. Il avait l'air décharné et plus du tout terrifiant, après dix jours de marche à travers l'Allemagne détruite, avec sa petite troupe. Où allaient-ils, au fait ?

Les soldats britanniques l'emmenèrent avec les autres au camp 031, près de Bramstedt. On peut supposer que la façon dont on le traitait déplaisait fortement au prétendu adjudant. En tant que patron, il était habitué à autre chose, une secrétaire, un chauffeur, des gardes du corps. On sait bien combien la perte d'un pouvoir auquel on est habitué peut être difficile à vivre, pour certains. *A fortiori* le pouvoir d'un despote. En tout cas, il demanda dès le premier jour de son internement un rendez-vous auprès de la direction du camp, en annonçant qu'il avait quelque chose à dire. Et, en effet, il avait quelque chose à dire. Il entra dans la pièce, ôta le bandeau, et dit :

« Mon nom est Heinrich Himmler. » Il est fort possible qu'il supposât qu'en tant que grand criminel il serait mieux traité.

En réalité, commença alors un *countdown*[1] qui ne devait durer que quelques heures. On força aussitôt Heinrich Himmler à se déshabiller, et on trouva dans la poche de sa veste une ampoule avec du cyanure. On lui donna un uniforme britannique et on l'enferma dans une cellule. Peu après eut lieu une conversation entre le médecin traitant et un colonel du nom de Murphy.

« Avez-vous regardé aussi dans sa bouche ? » demanda Murphy. Lorsque le médecin répondit par la négative, ils firent chercher immédiatement Himmler. « Ouvrez la bouche ! » À ce moment-là, Heinrich Himmler mordit dans la capsule de cyanure qu'il avait gardée dans la bouche pendant tout ce temps. Comment se sent-on quand on laisse sa langue jouer avec une telle capsule pendant des heures, peut-être pendant des jours ? Pendant douze minutes, les Anglais luttèrent pour la vie d'un des plus grands assassins de l'Histoire. Ils lui cousirent la langue, ils lui enfoncèrent une sonde dans l'estomac pour pomper le poison. Au bout de douze minutes, il était mort.

Faisons un instant comme si ces quelques années de national-socialisme étaient une collection de sujets pour écrivains et cinéastes. Quel trésor ! Car s'il existait quelque chose comme une bible des abîmes humains, la plupart des protagonistes de l'époque y auraient leur place. Au fond, les artistes n'ont pas besoin, en traitant ces personnages, de beaucoup d'artifices, il faut simplement qu'ils retracent ces biographies. Tout est là-dedans : non seulement la folie et la cruauté, mais aussi un mélange de contradictions et d'idéaux, de structures psychiques perturbés et de rêves d'esthétisme et d'omnipotence. Tout cela entraîne l'ascension et la chute, la

1. Compte à rebours *(NdT)*.

mégalomanie et la mort dramatique et violente. Ils ont même suggéré la musique qui va avec : les derniers jours, dans le bunker du Führer, à Berlin, on ne passait plus que les opéras de Richard Wagner. Cela fait partie de la monstruosité du sujet : les dirigeants étaient conscients de leur propre drame, jusqu'à en éprouver une certaine volupté.

Josef Goebbels, par exemple, joua une dernière fois le rôle du diable, quelques jours avant que lui et sa femme ne se suicident — après que Magda Goebbels eut empoisonné ses six enfants, Helmut, Holde, Heide, Hedda, Hilde et Hilga. Vêtu d'un costume sombre très correct et d'une chemise d'une blancheur immaculée, il vilipenda la lâcheté du peuple allemand. Puis il devint froid et ironique : « Bien, dit-il doucement, le peuple allemand a lui-même choisi ce destin. Personne ne l'a forcé. Il nous a mis en place. Pourquoi avez-vous travaillé avec moi ? Maintenant on va vous couper votre petit cou. » Puis Goebbels sortit en traînant une jambe et, sur le seuil, il se retourna en disant : « Mais quand nous nous retirerons de la scène, la terre tremblera. »

Curieusement, ces histoires-là semblent très loin de nous. Certes, les historiens ont exploré tous les recoins du Troisième Reich, mais parfois on a l'impression qu'en prenant connaissance des faits personne n'a voulu voir réellement la substance humaine des histoires de ces criminels. D'ailleurs, ce fut longtemps le cas des histoires de victimes également. Ce n'est qu'avec la série télévisée américaine *Holocauste* que la carapace a commencé à se lézarder.

Les acteurs des crimes. C'est comme s'ils avaient été avalés par le brouillard de l'horreur qui fut répandu collectivement au-dessus de ces années sombres. Personne n'a voulu y aller voir, personne n'a voulu savoir si ces personnages sombres ne possédaient pas quelques-unes des caractéristiques que nous ne connaissons tous que trop bien. On pensait que la meilleure façon de se débarrasser de ces fantômes était de les enfermer dans une sorte d'horrible documentaire historique.

L'écrivain et journaliste Maxim Biller a dit un jour qu'on lui reprochait parfois, en tant que Juif, que les personnages de ses nouvelles de même que l'angle de vue, dans ses travaux journalistiques, soient toujours marqués par ce funeste passé et les traces de l'Holocauste. C'est peut-être vrai, dit Biller, admettant que les ombres jouaient peut-être un rôle trop important dans son travail. Il y répondit par une autre question : Mais que signifie le fait que, chez les jeunes écrivains allemands non juifs, dans leurs textes et dans leurs paroles, le passé allemand et les traces du règne nazi n'apparaissent jamais ou très rarement ?

Ce livre parle d'enfants qui n'ont pas pu se débarrasser des images de leurs pères. Pour comprendre cela, il faut se rappeler la nature de ces images dont ils sont prisonniers.

HEINRICH HIMMLER naquit le 7 octobre 1900. Il fut, semble-t-il, un bon élève d'un tempérament doux. Un de ses camarades de classe témoignera plus tard : « Il ne pouvait pas faire de mal à une mouche. » Un autre : « Heinrich était un agneau. » Il n'était pas sportif et, à cause de son estomac fragile, ne pouvait pas rivaliser avec les autres lors des grandes beuveries organisées par les organisations estudiantines. Longtemps, on se moqua de sa petite nature.

Une des images est donc celle-ci : il était végétarien (son petit déjeuner favori : poireaux et eau minérale), d'un tempérament doux, grand ami des sociétés protectrices des animaux. Il aimait les potagers et détesta toute sa vie qu'on raconte en sa présence des histoires grivoises sur les femmes. Il avait un certain penchant pour l'occultisme ; par exemple, il s'intéressait à l'effet d'un éventuel rayonnement terrestre. Il n'y avait personne qui ne lui eût pas attesté d'avoir été un bon et affectueux père de famille. Il avait toujours du temps à consacrer à sa fille Gudrun, disent les témoins.

Heinrich Himmler était le Reichsführer SS. C'est lui qui a fait de la SS ce qu'elle est devenue : une armée indépendante, une unité d'élite, à l'écart de l'armée et de la police. Les meilleurs des meilleurs — il n'y avait pas plus nazi que la SS. Elle était en charge de besognes brunes de toute sortes, ce qui signifiait aussi : de meurtres et d'assassinats de masse. C'est Heinrich Himmler qui, le 4 octobre 1943 à Posen, devant des chefs de sections SS, prononça le discours qui se grava pour toujours dans l'âme allemande :

« Nous avons profondément tort de vouloir apporter aux peuples étrangers notre âme allemande, inoffensive et sentimentale, et notre idéalisme. Cela vaut aussi pour le passé, à commencer par Herder, qui a dû écrire les *Voix des peuples* dans un moment d'ivresse, et qui nous a valu, à nous, les descendants, une souffrance et une misère incommensurable. Cela vaut aussi pour les Tchèques et les Slovènes qui nous doivent leur sentiment national. Ils en étaient incapables, tout seuls, et nous l'avons donc inventé à leur place.

« Pour le SS, il y a une règle absolue : nous devons nous montrer honnêtes, loyaux, fidèles et bons camarades avec les personnes du même sang, et avec personne d'autre. Je me fiche complètement de savoir ce qui arrive aux Russes et aux Tchèques. Nous allons tirer tout ce qui existe de sang de qualité, de sang de notre propre espèce, chez les autres peuples, en leur dérobant leurs enfants, s'il le faut, et en les élevant chez nous. Que les autres peuples vivent dans l'abondance ou qu'ils crèvent de faim ne m'intéresse que dans la mesure où nous en avons besoin en tant qu'esclaves, pour notre culture, autrement cela ne m'intéresse pas. Qu'en creusant un fossé antichar, dix mille femmes russes tombent d'épuisement ou pas ne m'intéresse que dans la mesure où le fossé antichar est achevé pour l'Allemagne. Nous n'allons jamais être dur ou manquer de cœur quand ce n'est pas nécessaire, c'est clair. Nous, les Allemands, qui sommes le seul peuple au monde à traiter décemment les animaux, nous allons traiter décemment aussi ces animaux humains, mais c'est un crime contre notre propre sang que de nous faire du souci pour eux et de vouloir leur apporter nos idéaux...

« Je voudrais aborder ici avec vous en toute franchise un chapitre particulièrement difficile. Je veux que ce soit dit une fois entre nous, même si nous n'allons jamais en parler en public... Je veux parler de l'évacuation des Juifs, de l'anéantissement du peuple juif. Cela fait partie des choses qu'il est facile de dire. — "Le peuple juif va être anéanti", dit n'importe quel camarade du parti, "c'est évident, c'est marqué dans notre programme, mise à l'écart des Juifs, anéantissement, on s'en occupe". Et puis ils arrivent tous, ces 80 millions de braves Allemands, et chacun a son bon Juif. Évidemment, les autres sont tous des salopards, mais celui-ci est un bon Juif. De tous ceux qui parlent ainsi, personne n'a regardé, personne n'a traversé l'épreuve. Parmi vous, la plupart savent probablement ce que cela signifie, cent cadavres entassés, ou cinq cents, ou mille. D'avoir tenu le coup et — mis à part des moments exceptionnels de faiblesse humaine — d'être resté brave, voilà ce qui nous a rendus durs. C'est là une page glorieuse de notre Histoire qui n'a jamais été écrite et qui ne sera jamais à écrire... »

C'est l'autre image : Heinrich Himmler, l'homme qui a installé le système des camps de concentration et qui, avec un automatisme perfectionniste, s'est acquitté aussi de cette tâche, la plus meurtrière de toutes. Devant Adolf Hitler, il aurait été d'une grande servilité, rampant pratiquement devant lui. Il faisait, et il aurait fait, tout ce que son Führer exigeait de lui. Toute sa vie, il a essayé de satisfaire les désirs de Hitler avant même que celui-ci ne puisse les formuler.

Et pourtant, Heinrich Himmler était plus qu'un exécutant prêt à tout. Hannah Arendt a parlé de la banalité du Mal, en parlant d'Adolf Eichmann, un proche collaborateur de Himmler. Himmler n'avait rien de banal. Comme poussé par la haine de sa propre faiblesse, il rêvait d'un homme parfait. C'est lui qui créa l'« action Lebensborn » (source de vie), une institution où devaient être élevés de beaux Aryens blonds. Il s'était déjà réservé la Bourgogne pour lui et son idée. Dans cette région, il voulait « créer un paradis de la race germanique ».

Dans son brillant ouvrage intitulé *Das Gesicht des Dritten Reiches* (« Le visage du Troisième Reich »), l'auteur Joachim Fest a décrit Himmler comme un « petit-bourgeois romantique et survolté qui, dans les conditions d'une dictature, a obtenu le pouvoir de vivre ses penchants de façon sanglante ». Et Fest constata : un tel homme n'a pu monter au pouvoir que dans une société complètement disloquée.

Encore une autre image : un petit-bourgeois fou qui, dans les camps de concentration, ordonnait les expériences médicales les plus atroces — et qui, en même temps, faisait installer des potagers dans les camps de concentration. Il est possible que, dans son cerveau, cela revenait quelque part au même.

MARTIN BORMANN était âgé de quarante-cinq ans lorsque la guerre fut terminée, et lorsqu'il mourut. Il était le prototype de l'homme qui ne cherche à obtenir qu'une chose dans sa vie : le pouvoir. Pour cela, il avait les dispositions idéales : il était brutal, ambitieux, prêt à imposer sa volonté, intrigant. S'il avait eu la chance d'être né dans la seconde moitié du XXe siècle, sa carrière aurait probablement été tout aussi rapide, mais un peu plus paisible.

Le secrétaire de Hitler. Tel fut son titre officiel. Une fois, longtemps avant la fin de l'empire de mille ans, il dit à sa femme de ne surtout pas conserver toutes ses décorations et médailles, si elle devait un jour organiser ses obsèques ; cela donnerait une mauvaise impression de

« ce que j'ai réellement accompli », précisa-t-il. Il se voyait comme celui qui tire les ficelles derrière Hitler et qui exerce plus d'influence politique que n'importe qui d'autre. Et il avait sans doute raison de le penser. À Nuremberg, il fut condamné à mort par contumace parce qu'il avait joué un rôle important dans tous les crimes nazis, de la persécution des Juifs jusqu'aux agressions militaires.

L'image que nous avons de Martin Bormann est marquée par les photos. Sur les photos de groupe, il se tient le plus souvent à l'arrière ; autrement, on le voit fréquemment aux côtés de Hitler, c'est un homme replet, sa tête est proche de l'oreille du « Führer ». Martin Bormann restera dans les mémoires comme l'ombre obscure et informe du national-socialisme. Même si son fils, dont le prénom est également Martin, lui donne un sens différent, le titre de son autobiographie n'en est pas moins évocateur : *Leben gegen Schatten* (« Vivre contre les ombres »).

Personne n'aimait ce type. « Tous le haïssaient, dit son camarade Hans Frank, et le mot haine est faible. » Bormann mouchardait et faisait moucharder, et il exploitait son savoir secret pour des intrigues de toutes sortes. Si les autres chefs nazis avaient parfois une secrétaire qui ne supportait pas qu'on dise du mal de son patron, Bormann, lui, n'avait que des ennemis.

Dans sa vie privée, il n'a pas laissé beaucoup de bons souvenirs non plus. Il se servait de son pouvoir pour collectionner des maîtresses. À chaque succès, il informait sa femme par courrier, sur un ton joyeux. Une fois, elle lui répondit en l'enjoignant de faire attention à ne pas engrosser sa maîtresse et elle, son épouse, en même temps, pour avoir toujours à sa disposition « une femme en parfait état ».

BALDUR VON SCHIRACH était quelque chose comme le benjamin des « héros » nazis. Sa relation avec Hitler débuta lorsque l'étudiant de bonne famille, âgé d'à peine vingt ans, persuada Hitler d'étendre son mouvement aux universités. Hitler fut tout d'abord sceptique, parce qu'il détestait tout ce qui était intellectuel. Mais plus il y eut d'étudiants qui l'applaudissaient, quand il prononçait ses discours, plus ses rapports avec Schirach devinrent étroits. Plus tard, lorsque Schirach épousa la fille du photographe personnel de Hitler, le Führer leur offrit un berger allemand.

Baldur von Schirach mit au pas dès le début des années 30 toutes les institutions de jeunesse et rendit obligatoire l'adhésion aux Jeunesses hitlériennes. C'est lui qui mit en pratique les idées romantiques de Hitler sur la jeunesse. La dictature du national-socialisme fut aussi la dictature de la jeunesse, de la beauté, de la force. Le national-socialisme donna aux jeunes le sentiment que l'avenir leur appartenait à eux seuls, au point qu'il valait la peine de mourir pour lui.

Comme Himmler, il était personnellement l'antithèse de l'idéal qu'il prêchait. Par sa stature et ses manières plutôt flegmatiques, amateur d'art et de littérature (il écrivait au « Führer » des poèmes boursouflés), il était tout sauf un grand téméraire. Au fond, il était marginal, sombre et introverti, et il découvrit très tôt en lui une fascination pour la mort.

Il était le séducteur qui poussa des centaines de milliers d'adolescents dans le malheur. Plus tard, il se présentait volontiers comme quelqu'un qui avait été séduit lui-même. Au procès des criminels de guerre à Nuremberg, il dit qu'il n'avait qu'une chose à avancer à sa décharge : qu'il avait cru en Hitler, qu'il avait cru que cet homme allait « rendre la jeunesse heureuse ».

Après vingt ans de prison, ses enfants vinrent le chercher dans la prison de Berlin-Spandau. Il était à moitié aveugle, un homme brisé. À vingt-quatre ans, il était devenu le chef de la jeunesse du NSDAP[1]. Il est mort à

1. Parti national-socialiste *(NdT)*.

soixante-sept ans. Sur sa pierre tombale, on peut lire : « J'étais un de vous. »

HANS FRANK était, comme l'écrit Joachim Fest, un des personnages les plus ambigus du national-socialisme. D'un côté, il était faible, mou, manquant d'assurance, d'un autre côté, il était attiré par tout ce qui était brutal et barbare. Et il décida tôt qu'il serait prêt à employer n'importe quel moyen pour mettre en pratique l'idéologie nationale-socialiste. Cette décision devint réalité.

Hans Frank fut ministre de la Justice de la Bavière, directeur du département juridique du NSDAP, puis gouverneur général de Pologne, mission spéciale : meurtres en série. Lorsqu'il fut arrêté par les Américains, il essaya de se suicider en s'ouvrant les veines, mais il ne coupa pas assez profondément. Il donna aux Américains des trésors artistiques d'une valeur de plusieurs millions de dollars, dont il avait fait dépouiller les mourants, ainsi que son journal, qui comporte trente-huit volumes. Incrédules, les Américains étudièrent ses notations méticuleuses : « Mon Führer, je vous informe que j'ai encore détruit 150 000 Polonais aujourd'hui... »

Dans les mois qui précédèrent sa pendaison, Hans Frank découvrit la foi catholique et tenta de cette façon d'échapper à sa faute. Dans une conversation avec le médecin de la prison, il dit : « Je suis deux hommes à la fois, le faible Frank et l'autre, le nazi. Et l'un n'arrête pas de demander à l'autre : Qu'as-tu fait ? »

Comme exemple du testament que Hans Frank légua à ceux qui viendraient après lui, prenons les deux citations suivantes, une notation de son journal, datée du 16 décembre 1941, et un extrait de son discours final au procès de Nuremberg, que les observateurs ressentirent comme particulièrement hypocrite.

Le 16 décembre 1941 :

« Les Juifs sont en plus pour nous des mangeurs extraordinairement nuisibles. Nous avons dans le gouvernement général environ 2,5, avec tous ceux qui ont du sang juif et toute leur smala, disons aujourd'hui 3,5 millions de Juifs. Ces 3,5 millions de Juifs, nous ne pouvons pas les fusiller, nous ne pouvons pas les empoisonner, mais nous allons tout de même pouvoir procéder à des actions qui conduiront d'une façon ou d'une autre à un anéantissement réussi... Où et de quelle façon cela aura lieu, cela est l'affaire des instances que nous mettons, que nous devons mettre en place ici, et dont je ferai connaître l'efficacité à temps. »

Discours final à Nuremberg :

« ... Au début de notre chemin, nous avons deviné que le fait de se détourner de Dieu risquait d'avoir de telles conséquences pernicieuses et meurtrières et que nous risquions de nous empêtrer de plus en plus profondément dans la culpabilité. Nous ne pouvions pas savoir, à l'époque, que toute cette fidélité et cet esprit de sacrifice du peuple allemand seraient aussi mal gérés par nous. Ainsi, en nous détournant de Dieu, nous sommes déchus et nous devions sombrer. Si nous avons perdu la guerre, ce n'est pas seulement en raison de défauts techniques et de circonstances malencontreuses. Ce n'était pas non plus la malchance ou la trahison. C'est surtout que Dieu a condamné et puni Hitler, en même temps que le système que nous servions, dans un esprit éloigné de Dieu... »

HERMANN GÖRING parlait volontiers de lui-même dans des phrases comme celle-ci : « Je suis ce que j'ai toujours été : le dernier homme de la Renaissance. » Il a toujours aimé prendre de grandes poses. « J'étais le seul qui, à côté de Hitler, avait une autorité propre. » C'était vrai. Il revint hautement décoré de la Première Guerre mondiale où il avait été pilote de chasse. Ce qui le poussa à rejoindre les nazis n'était pas leur idéologie, « ces bêtises-là ne m'ont jamais intéressé », « c'est le combat lui-même qui était mon idéologie ». Hitler appréciait chez Göring le fait que le mot « impossible » n'existait pas pour lui : « Chaque fois que je parle avec Göring, c'est comme un bain d'acier pour moi. »

C'est une image de Göring : le combattant brutal qui marchait sur des cadavres et qui, grâce à ces traits de caractère, joua un rôle central dans les années qui précédèrent la prise de pouvoir. C'est à cette époque-là qu'eut lieu une réception chez l'ambassadeur britannique sir Eric Phipps ; Göring s'excusa de son léger retard en disant qu'il rentrait juste de la chasse. L'Anglais répondit froidement : « La chasse aux animaux, j'espère. »

Par ailleurs, Göring était quelque chose comme le prototype d'un homme de pouvoir qui, à peine installé sur le trône, perdit complètement tout sens des réalités. Il accumula les fonctions et collectionna les décorations, s'enrichit sans scrupule et, à la maison, son occupation préférée était de jouer avec ses lions domestiques. Il avait grossi et il était devenu très dépendant de la morphine. Le héros militaire de jadis s'était transformé en acteur jouant des rôles héroïques. La naissance de sa fille unique Edda fut une surprise car, en raison d'une blessure de guerre, Göring passait pour être stérile. Les Allemands se permirent alors une blague : Être ou ne pas être, telle est la question [1].

Hermann Göring fut condamné à mort à Nuremberg : on jugea qu'il avait été la force motrice qui avait poussé à des guerres d'agression, et qu'il était à l'origine du programme d'oppression des Juifs. Il s'empoisonna dans la nuit qui précéda son exécution.

RUDOLF HESS fut sans doute le plus mystérieux des chefs nazis. Un caractère sombre et torturé qui ne fut éveillé à la vie que par son admiration sans bornes pour

1. En allemand, cette phrase peut aussi s'entendre au sens de : le sien ou pas, telle est la question *(NdT)*.

Adolf Hitler. « J'aime l'idée d'être de la cire dans les mains d'autrui », disait-il.

Longtemps, le mariage de Rudolf Hess semblait devoir rester sans enfants. Ils avaient tant désiré un enfant, et ils avaient cherché de l'aide chez des guérisseurs de toutes sortes. Et cela finit par marcher. À la naissance du petit Wolf-Rüdiger, son père dansa de joie, dit-on. Le pauvre Wolf-Rüdiger : il allait consacrer sa vie à son père.

À la naissance de son fils, l'adjoint du Führer ordonna à tous les gouverneurs de district de lui envoyer un petit sachet de terre allemande provenant de chaque district. Cette terre fut dispersée sous un berceau fabriqué à cet effet pour que, symboliquement, l'enfant puisse commencer sa vie en terre allemande.

Après l'échec du putsch[1], Hess fut comme Hitler enfermé dans la prison de Landsberg, et il y participa à la rédaction de *Mein Kampf*. En tant qu'adjoint de Hitler, il prononçait tous les ans le discours de Noël, et il passa vite pour un esprit tordu, vivant constamment dans la peur d'être empoisonné par des aliments quelconques. Tout, chez lui, était mystérieux : son étrange départ en avion pour l'Angleterre, en 1941, son emprisonnement là-bas, son comportement lors du procès de Nuremberg et finalement sa mort à Spandau, en 1987, après plus de quarante ans de détention, après avoir passé les vingt dernières années comme unique prisonnier d'une immense prison.

1. Le 8 novembre 1923 *(NdT)*.

Le manuscrit de 1959
Wolf-Rüdiger Hess et les femmes nazies

« Comment est-il, le camp ?

— Complètement envahi de punaises. »

Les gardiens ricanent en conduisant les femmes nazies — « Prominent Wives of Nazi Chiefs » — à travers le portail du camp.

Ilse Hess n'était pas la seule à avoir ainsi son premier rendez-vous avec des punaises. Le 3 juin 1947 était le jour où, en Bavière, toutes les épouses des dirigeants nazis condamnés ou exécutés à Nuremberg furent arrêtées. Le ministre Alfred Loritz le fit savoir dans une conférence de presse qui eut lieu le matin même à Munich.

Le reporter américain Daniel de Luce n'attendit pas la fin de la conférence de presse. Il monta dans sa Chevrolet et fonça à la Jachenau où Henriette von Schirach, la femme du chef de la jeunesse du Reich, condamné à vingt ans de prison, vivait avec ses quatre enfants dans une auberge tenue par des fermiers.

Les femmes nazies avant l'arrestation — un chouette sujet pour les journaux américains.

« Je voudrais prendre quelques photos de vous, dit-il en sortant son appareil. Où sont les enfants ?

— Ils essaient d'attraper des grenouilles dans la Jachen », répondit Henriette von Schirach, puis elle ajouta sur un ton de méfiance : « Pourquoi voulez-vous prendre des photos ?

— Vous allez être arrêtée aujourd'hui même, expliqua l'Américain tranquillement, puis on vous enverra dans un camp quelconque. À moins que vous ne partiez en zone britannique, ce décret n'étant en vigueur qu'en Bavière. »

Daniel de Luce photographia le visage effrayé de la femme, but une tasse de café, puis rentra à Munich. Il était content. Il avait son histoire en exclusivité.

Une heure plus tard, Henriette von Schirach fut arrêtée sur le chemin du village. Elle se dégagea et chercha à s'échapper à travers champs. Le policier la rattrapa. « Soyez donc raisonnable », dit-il.

Mais elle n'était pas raisonnable. Elle griffa et cracha et, finalement, on la traîna par les cheveux jusqu'à la voiture. Ses quatre enfants, Robert, Richard, Klaus et Angelika, qu'elle n'eut pas le temps de mettre au courant, restèrent en arrière.

Sa première étape fut la prison de Tölz. Dans la cellule, Henriette von Schirach rencontra Luise Funk, dont le mari avait lui aussi été condamné à vingt ans de prison. L'épouse de l'ancien ministre de l'Economie du Reich portait une robe bavaroise à carreaux, et elle avait les mains souillées de terre. Elle avait été arrêtée alors qu'elle travaillait dans le potager.

« Heureusement que nous sommes ensemble, au moins », dit Luise Funk.

Brigitte Frank, la femme du gouverneur général de Pologne, Hans Frank, fut arrêtée dans sa cuisine.

Le policier du village, à Neuhaus, sur le Tegernsee, eut un air gêné en entrant. « Madame Frank, j'ai reçu une nouvelle assez incroyable... » Il s'éclaircit la gorge.

« Quoi donc ?

— Je dois vous arrêter.

— Tout de suite ?

— Oui. »

« Ce fut une des rares fois que ma mère pleura, se

souvient Niklas Frank, qui avait huit ans à l'époque. Elle n'a sûrement pas pleuré sur son propre sort, mais nous étions cinq enfants et nous n'avions pas beaucoup d'argent. »

Niklas accompagna sa mère à la gare. Elle fut emmenée au camp de Göggingen, près d'Augsbourg, elle aussi...

Dans la maison du garde forestier de Sackdillingen fut arrêtée Emmy Göring. Elle était alitée à cause d'une sciatique et se fit attester par deux médecins qu'elle ne pouvait pas voyager. Son avocat demanda un pourvoi en cassation pour faire annuler l'arrestation.

Le pourvoi fut rejeté. On vint chercher Emmy Göring en ambulance. Elle emporta une chemise de nuit et un manteau noir de chez Balmain, où elle avait jadis été cliente.

La petite Edda, âgée de sept ans, demanda en prenant congé de sa mère : « Maman, est-ce que le tribunal pourra te condamner à mort, toi aussi ?

— Non, certainement pas. »

Emmy Göring fut portée sur un brancard au camp de Göggingen.

Maintenant, elles étaient toutes ensemble. La vie de camp commença.

Dans l'ancien camp de travail pour femmes étrangères de Göggingen vivaient, dans cinq longs baraquements, environ mille femmes : des Blitzmädel[1], des gardiennes de camp de concentration, les femmes des SS pendus à Dachau et à Mauthausen, des prostituées, des mouchardes. Seuls des fils de fer barbelés les séparaient d'un grand camp pour hommes où des soldats du corps d'Afrique, des secrétaires d'État, des directeurs de banque, des officiers et des caporaux attendaient leur libération.

« Il y eut des histoires d'amour et de vraies fiançailles

1. Auxiliaires féminins des services de transmission de l'armée *(NdT)*.

avec des hommes qui se trouvaient de l'autre côtés des barbelés, avec échange d'alliances à travers la grille, écrit Henriette von Schirach en évoquant cette époque. Une infirmière aimait un médecin qui se trouvait au camp des hommes. Elle avait une chance de le voir le matin, au moment où elle portait des échantillons d'urine venant du baraquement des malades pour les faire analyser dans la station sanitaire, plus grande, du camp des hommes. Mais il n'y avait pas tant d'échantillons d'urine que cela. Alors on abusait tous les jours le contrôle du camp avec une infusion à la camomille. Il y avait des hommes qui coupaient le fil de fer avec des ciseaux à métal pour embrasser une fille, des hommes qui passaient une journée entière enfermés dans un placard parce qu'il n'y avait aucune possibilité de regagner l'autre camp. »

À Göggingen, il y avait aussi des « bébés internés ». Ils dormaient dans de vieux cartons à savon. Et, tous les jours, on livrait pour eux un baquet de lait. En juin 1947, il y en avait huit, mais leur nombre augmentait de mois en mois. Les uns apprenaient à marcher, les autres venaient tout juste de naître. Des enfants nés d'un amour occasionnel derrière des barbelés. Des enfants pâles et sous-alimentés qui ne connaîtront jamais leur père et qui grandiront quand même...

Tous les jours, les gardiens venaient chercher des femmes ou des jeunes filles pour des interrogatoires. Ces interrogatoires étaient importants. Ils pouvaient décider de la remise en liberté d'une personne.

La Blitzmädel Judith réussit dès le premier interrogatoire. Elle consacra quelques heures à sa toilette. Du rimmel, du rouge à lèvres, un soutien-gorge en lamé or, un pull moulant — la totale. Judith avait belle allure en y allant.

En rentrant au baraquement, après son interrogatoire, elle ramassa ses affaires et dit : « J'en ai assez de vivre ici, parmi les rats, je veux une baignoire, je veux manger, je veux vivre. Adieu, les enfants. »

Elle emménagea dans la villa du commandant du camp, un certain Mister Strauss. Les gardiens du camp pouvaient bientôt admirer ses ravissantes chemises de nuit. Mais pas pour très longtemps. Car Judith en eut vite assez de Mister Strauss. Un jour qu'il était en déplacement, elle fit venir des déménageurs qui chargèrent tout le mobilier de la villa ainsi qu'une bonne quantité de conserves, puis elle valida ses papiers en y appliquant les tampons nécessaires et disparut.

Mister Strauss fut muté. Et mille femmes rirent. Elles avaient si peu de raisons de rire, en temps normal...

Quand le haut-parleur se mettait en marche, tout le monde se taisait et écoutait, plein d'inquiétude : « À Landsberg furent exécutés aujourd'hui le SS-Gruppenführer[1] Wegener, le SS-Obersturmführer[2] Wieland, le SS-Oberscharführer[3]... » Il n'était pas rare qu'après de telles annonces une femme désespérée se jette sur sa paillasse en sanglotant. Le haut-parleur avait proclamé la mort de son mari.

Les femmes des « Prominent Nazi Chiefs » demeurèrent d'une certaine façon connues, à Göggingen. Or, cela ne leur apportait aucun avantage, mais donnait droit, au contraire, à des appels nocturnes imprévus. Les sirènes retentissaient, les projecteurs s'allumaient. « Tout le monde sort ! » commandait un gardien.

Les femmes devaient se mettre en rang, vêtues de leur chemise de nuit. Puis elles étaient examinées, scrutées. Elles offraient une image lamentable, et on s'en réjouissait.

« Emmy ! »

Madame Göring avança. De toute façon, elle était brouillée avec le commandant du camp, Krach, parce

1. Général de division SS *(NdT)*.
2. Lieutenant de la SS *(NdT)*.
3. Sergent-chef de la SS *(NdT)*.

qu'il ne voulait pas lui permettre d'accrocher une photo de Hermann.

« J'ai eu de la chance car, apparemment, je suis tombée sur la chambrée où règne le plus d'esprit de camaraderie, écrivit Ilse Hess à son mari à Nuremberg. Nous sommes commandées par la doyenne de la chambrée. Elle est petite et filiforme, mais elle a une voix d'homme et elle fume comme un pompier... Ma favorite est une Munichoise de soixante-trois ans, elle a une grande expérience de la vie, elle est drôle et elle connaît Harlaching ; c'est elle qui faisait le ménage, à un moment donné, dans tes bureaux à la Maison Brune... Il ne faut pas que je pense au garçon. Songer à ce que devient ce petit bonhomme reste une assez grande épreuve... »

La première fois que Wolf-Rüdiger Hess rend visite à sa mère, à Göggingen, la réglementation est encore stricte. « On m'a emmené dans une pièce réservée aux visiteurs. Ma mère était assise au bout d'une longue table. J'avais le droit de m'asseoir à l'autre bout, et nous pouvions discuter ensemble pendant environ une demi-heure, en présence de gardiens. Puis je suis retourné à Hindelang avec ma tante. » Dans cette pièce devaient entrer par la suite les autres enfants, tour à tour : Edda Göring, Norman Frank, Robert von Schirach... Et on leur posait toujours les mêmes questions inquiètes : Comment ça se passe à la maison ? As-tu assez à manger ? Comment ça va à l'école ?

Le 18 juillet, par une chaude journée d'été, le haut-parleur annonça dans la chaleur étouffante de midi : « Les sept principaux criminels de guerre, Hess, Raeder, Funk, Neurath, Dönitz, Speer et Schirach ont été emmenés aujourd'hui par voie aérienne de Nuremberg dans la forteresse de Spandau, près de Berlin. »

Dans l'après-midi apparut soudain le curé de la prison de Nuremberg auprès des femmes. « On ne s'attendait pas à ce départ, raconta-t-il. Les Américains se tiennent aux accords de Potsdam. Les prisonniers doivent être sous le contrôle des quatre Alliés. Nous leur avons mis des couvertures en laine et pour chacun un pull-over dans l'avion... »

« Ceci est la première lettre envoyée depuis mon nouveau logis, écrivit Rudolf Hess, le 3 août. Il ne se distingue pas fondamentalement du précédent. Parmi les changements désagréables, il y a le fait que nous n'avons le droit d'écrire une lettre du volume de celle-ci que tous les 28 jours. Nous sommes autorisés à recevoir des lettres au même rythme. Parmi les aspects positifs de cette nouvelle existence, il y a le fait que les chambres viennent d'être repeintes et qu'elles sont donc plus propres. Et, imagine : j'ai un oreiller, même avec une taie, et un matelas couvert d'un drap en lin blanc... »

On s'habitue à la vie derrière des barreaux — à Spandau et à Göggingen...

La vie de camp commence à devenir une routine. Depuis peu, les haut-parleurs diffusent de la musique et, le dimanche, un prêche.

On ouvre une salle de douches. Sur des parterres étroits, on a le droit de planter des épinards. Et même le marché noir commence à être florissant. On peut négocier du café, du chocolat, de la crème pour les mains et des cigarettes. Mais on n'est pas libéré.

Ilse Hess finit par faire une demande auprès de la direction du camp pour obtenir le droit de faire venir son fils de dix ans pendant quelques semaines.

La demande fut accueillie favorablement.

Le petit Hess fit son entrée. Il dormait dans un lit de camp près de sa mère. Le camp ne lui déplaisait pas. En tout cas, c'était mieux que l'école.

Bientôt, tout le camp était au courant de son arrivée.

Après Wolf-Rüdiger Hess arriva la petite Edda Göring. Elle était blonde aux yeux bleus et au front bombé. Le portrait de son père...

Edda Göring apporta un sac à dos plein. Quand Emma Göring en déballa le contenu, les femmes du baraquement la regardèrent pleines d'espoir. Peut-être sortirait-elle une boîte de café. Ou un saucisson. Ou du moins un peu de crème pour les mains...

Mais le sac à dos ne contenait qu'un nounours jaune-marron et quatre combinaisons différentes pour le vêtir.

Sur ses longues jambes maigres, Edda parcourait le camp. Elle faisait de jolies révérences et savait réciter un poème d'Adalbert Chamisso. Le temps n'était pas si loin où, dans toutes les papeteries allemandes, on pouvait acheter des cartes postales en carton glacé qui portaient son portrait, dans sa poussette ou au parc...

Wolf-Rüdiger Hess, qui avait environ le même âge, n'aimait ni les nounours ni les poèmes. Il se faufilait tous les jours à travers les barbelés car il aimait passer son temps au camp des hommes. Entre les miradors, les baraquements et les latrines stimulaient son imagination romantique de petit garçon. Il pouvait mettre des casques tropicaux défoncés, chasser des rats, collectionner de vieilles boîtes de conserve, entendre des histoires extraordinaires. Le soir, quand il rentrait, fatigué, au baraquement de sa mère, il écrivait des lettres enthousiastes à son père.

« Et, en plus, tu veux apprendre à jouer aux échecs, répondit celui-ci. C'est très bien. Moi, je l'ai appris quand j'avais douze ans, en même temps qu'oncle Alfred, qui avait un an de moins que toi, à l'époque. Nous avions tous les deux la scarlatine et, pendant longtemps, nous n'avions pas le droit de nous joindre aux autres enfants... Peu à peu, j'ai fait des progrès, si bien que plus tard, quand je me suis trouvé à l'hôpital militaire de Saint-Quentin, comme soldat, pendant la Première Guerre mondiale, j'étais le seul qui réussit à battre un champion d'échecs berlinois du nom de Cohn, qui jouait douze parties en même temps. »

« Hier soir, écrivit-il, j'ai pensé beaucoup à toi. Quant à ton image, je l'ai devant les yeux, maintenant, je te vois en chair et en os, un grand garçon. En esprit, je voyais bien d'autres choses, en même temps, par exemple, la tête de maman avec les mêmes cheveux clairs que les tiens. Il y a quelques jours, cela a fait vingt ans que nous nous sommes mariés — comme le temps passe vite... »

La lettre portait la date du 25 décembre 1947. La veille au soir, c'était donc le soir de Noël. Dans la prison de Spandau, le prisonnier Funk jouait sur un harmonium des chants de Noël pour ses codétenus. Dans le camp d'internement de Göggingen brillaient de petits arbres de Noël rabougris. Et des centaines de milliers d'autres êtres humains passèrent cette nuit de Noël derrière des barbelés — quelque part en Russie, en Sibérie, dans l'Oural, des soldats exténués par une guerre perdue. Savaient-ils seulement qu'on était le jour de Noël ?

Ilse Hess fut libérée du camp de Göggingen le 23 mars 1948, à l'issue du procès à la Spruchkammer [1]. La maison de Harlaching fut évidemment expropriée, et les autres biens étaient perdus également. Ilse Hess commença par se construire une modeste existence à Bad Oberdorf.

Wolf-Rüdiger entra au club de football de Hindelang et gagna ses premières compétitions de ski, mais ses bulletins scolaires étaient lamentables.

« D'après ta lettre, cher Buz, écrivit Rudolf Hess le 28 août 1949, je vois que tu es en bonne voie pour devenir champion de football. “Le bon tir à gauche” laisse d'emblée présager un très grand avenir. Mais j'espère et je suppose que tu découvriras peu à peu que le travail des jambes et des pieds doit être complété par le travail de la tête. Et comme, concernant le travail de la tête, on t'a certifié dans ton bulletin scolaire que tu as malgré tout du talent et que tu pourrais arriver à de meilleurs résultats si tu te donnais plus de peine, je n'ai sans doute pas de raison de me faire du souci dans ce domaine non plus... Je suis sûr que tu ne me donneras pas de sujet

1. Les « Spruchkammern » étaient des tribunaux spéciaux chargés de la dénazification *(NdT).*

d'inquiétude ! Si la chère paresse cherche à t'empêcher de faire tes devoirs, pense à ce que j'attends de toi. Bref : montre que tu commences à devenir un petit homme. »

Ilse Hess accrocha cette lettre avec des punaises au-dessus du bureau de son fils. Et elle cacha soigneusement ce que Rudolf Hess lui avait écrit à ce sujet. « Ne te fais pas trop de soucis à propos du progrès scolaire de Buz. Après tout ce qui m'a été rapporté au cours des dernières années, les dispositions du petit gars ne me semblent absolument pas préoccupantes. D'une manière générale, je dois donner raison à Speer, sur ce sujet, qui a dit que nous étions terriblement légers, en tant que pères. Un jour, un de ses enfants rapporta un très bon bulletin scolaire ; par lettre, il conjura cette fille de ne surtout pas devenir une élève modèle... le succès fut fulgurant, dès le bulletin suivant... La mère trouva des mots adéquats pour qualifier les qualités éducatives paternelles... »

En 1951, Ilse Hess loua une ferme au Gailenberg, près de Hindelang, et y installa une pension. Wolf-Rüdiger fut envoyé dans un internat (collège, lycée et centre d'apprentissage combinés), au pied du Hohe Göll, à une heure de Berchtesgaden. Chaque garçon devait choisir un métier artisanal. Hess choisit l'atelier de menuiserie.

Tous les mois arrivait une lettre de Spandau qui portait comme nom de l'expéditeur : Prison militaire des Alliés, *prisoner of war Rudolf Hess*. Aucun des élèves ne semblaient s'en apercevoir. Aucun ne posait des questions. Il y avait quelque chose comme un accord tacite. Quand le tiroir contenait douze lettres retenues par une ficelle, une année était passée. Dans ces douze lettres, il fallait dire le plus de choses possibles, suffisamment pour trois cent soixante-cinq jours...

L'éducation, telle que le jeune Hess la reçut de son père, ressemblait à un cours par correspondance.

« Tu confirmes avoir reçu ma longue lettre qui était

adressée à toi seul, pouvait-il lire un jour. Par curiosité, j'ai relu la lettre en question, et j'ai constaté que je ne t'y avais posé pas moins de huit questions ; tu n'as répondu qu'à deux d'entre elles. Je te demande donc de relire systématiquement ma dernière lettre avant de m'écrire. Même quand elle ne contient pas de questions, il fait partie des bonnes manières épistolaires de reprendre tel ou tel sujet évoqué par l'autre. Les "salutations d'autant plus chaleureuses" ne remplacent pas la partie manquante, même si je les apprécie énormément... »

Et pour ce qui est de l'apprentissage de la langue : « Es-tu conscient de la différence entre *anscheinend* et *scheinbar*[1] ? La majorité des Allemands confondent les deux. Je vais t'expliquer la différence... »

En 1953, un scandale éclata à l'internat de Berchtesgaden. Deux professeurs furent arrêtés en raison d'agissements homosexuels. Ilse Hess se précipita pour aller chercher son fils de seize ans et le ramener à la maison. Elle voulait que Wolf-Rüdiger aille à Salem.

Or, l'internat du château de Salem refusa poliment mais fermement. « Le margrave Berthold von Baden se voit dans l'incapacité d'accueillir le fils de l'ancien adjoint du Führer dans sa célèbre école. »

Alors Wolf-Rüdiger Hess retourna à Berchtesgaden. Son internat s'appelait maintenant École Christophorus. Il faisait partie du village chrétien du même nom destiné aux jeunes.

Le 26 avril 1955 est un jour que Wolf-Rüdiger n'oubliera pas. Le ciel était couvert. Le brouillard dissimulait les montagnes et s'abattait lourdement sur la vallée de Berchtesgaden.

Il y avait un petit crachin désagréable. Les deux jeunes gens qui descendirent par des sentiers étroits et escarpés

1. Les deux termes signifient « apparemment », mais dans *scheinbar* cette apparence est trompeuse *(NdT)*.

vers Berchtesgaden, presque à travers champ, n'en étaient pas moins d'excellente humeur.

Avec leurs capes en loden et leurs bottes de montagne, ils ressemblaient à des bûcherons.

« Combien d'argent as-tu sur toi ? demanda Wolf-Rüdiger Hess.

— Trois marks. Et toi ? rétorqua Heinz Hartmann.

— Un mark cinquante.

— Ça suffit, dit Hermann en souriant. Quatre carafons de vins, un paquet de cigarettes — ça fait quatre marks quarante. Il nous reste dix pfennigs.

— Et si la serveuse nous met sur la table des petits gâteaux salés ?

— Qu'elle ose ! »

Les deux garçons sortaient d'un cours de latin et s'apprêtaient à aller à leur cours de danse classique. Sous la cape, ils portaient leur meilleur costume, une cravate, une chemise blanche.

Après le cours de danse, ils emmèneraient Karin et Sigrid au café Fischer. Pour quatre marks quarante, avec dix pfennigs de réserve.

« Karin va-t-elle encore à l'école ? demanda Hartmann.

— Oui. À l'internat de Heydeneck, ou quelque chose comme ça. Son père à l'air d'être fabricant de meubles, en tout cas, elle m'a tout de suite demandé si j'étais apparenté aux marchands de meubles Hess. »

Les deux jeunes gens rirent.

Dans un passage en face de la gare de Königssee, ils changèrent de chaussures et roulèrent leurs capes en boule.

« Nous sommes parfaitement dans les temps », dit le jeune Hess en jetant un regard à l'horloge de la gare.

Ils s'engagèrent dans une petite rue qui partait de la rue principale ; il ne leur restait plus qu'une centaine de mètres à parcourir. À ce moment-là, Hartmann aperçut le journal, trempé par la pluie, qui était accroché au mur du kiosque. Il s'arrêta et parut troublé.

« Qu'est-ce qui se passe ? demanda Wolf-Rüdiger Hess.

— Ton père », dit Hartmann doucement, en désignant le porte-revues.

Le gros titre était en rouge : Rudolf Hess fait une tentative de suicide ! En dessous, il y avait des lettres noires, mais le jeune Hess les voyait floues.

Il se précipita sur le journal et survola l'information : « Comme Assiociated Press l'a appris par la prison de Spandau, l'ancien adjoint du Führer, condamné à la perpétuité, a tenté hier de se suicider en absorbant un insecticide... Le prisonnier est dans un état grave... Mais il semblerait qu'il ne soit plus en danger de mort... »

Pendant ce temps, Hartmann avait acheté tous les journaux du soir. « Ils disent tous la même chose », constata-t-il.

Pendant un long moment, Wolf-Rüdiger n'arriva pas à sortir un mot. « Salut, Heinz, finit-il par dire.

— Où veux-tu aller ?

— Je vais retourner à l'école et téléphoner à ma mère.

— Mais non.

— Bien sûr, c'est ce que je vais faire. »

Ils oublièrent de remettre leurs bottes de montagne. Leurs souliers soigneusement nettoyés aux pieds, ils rentrèrent en courant. Hartmann avait du mal à rester près de son ami. Ils ne parlaient pas.

Hess téléphona depuis la chambre du directeur de l'internat. Avant que la liaison pour Hindelang fût établie s'écoulèrent des minutes qui lui parurent interminables. Ilse Hess dit d'emblée : « Je n'y crois pas, Buz.

— Qu'est-ce que tu ne crois pas ?

— Je ne crois pas à une tentative de suicide. Peut-être n'était-ce qu'un accident...

— Un accident avec de l'insecticide ? »

Il y avait des craquements dans la ligne. En dehors de cela, tout était silencieux. « Veux-tu que je rentre ? » demanda Buz.

— Non. J'ai alerté maître Seidl. Je t'appelle dès qu'il aura réussi à obtenir plus d'information.

— Ne vaudrait-il pas mieux que je rentre ?

— Non. Bonne nuit, Buz. »

Le jeune Hess retourna dans sa chambre. Hartmann se tenait devant la fenêtre, les yeux fixés sur le brouillard nocturne. En entendant la porte s'ouvrir, il se retourna.

Ils allumèrent chacun une cigarette.

« Il faut toujours que je pense à ce médecin américain, Vancil, dit Wolf-Rüdiger Hess doucement. Après sa visite à Spandau, des journalistes avaient voulu connaître ses impressions. J'aimerais mieux être mort que de vivre ici, avait-il répondu...

— Et ton père, qu'écrit-il ?

— Rien de tel. Il ne se plaint jamais. D'après les lettres qu'il m'adresse, on pourrait croire qu'il est quelque part en vacances, tu comprends ? »

Cela devint la nuit des pères.

Les deux amis étaient assis sur le lit, à fumer et à discuter. Ils évoquèrent les visages dont ils ne savaient plus comment ils étaient en réalité. Ils fouillèrent dans leurs souvenirs comme deux vieux.

Le père de Heinz Hartmann était tombé près du Monte Cassino quand son fils avait sept ans.

Deux jours plus tard, la direction de la prison de Spandau démentit l'information selon laquelle Rudolf Hess aurait fait une tentative de suicide. Elle démentit sans donner d'explication.

« Est-il malade ? demandèrent avec insistance les journalistes.

— Pas de commentaire. »

Environ une semaine plus tard, Associated Press rapporta que Rudolf Hess avait commencé une grève de la faim.

Wolf-Rüdiger ne reçut une lettre de son père qu'un mois plus tard. « Vous m'avez l'air d'être tombés dans le piège d'un canard quelconque. Il n'est pas question que je veuille “abandonner la course”. Ce qui est vrai, c’est que ma santé était moins bonne, pendant quelque temps. Je n’avais pas d’appétit, ne mangeais que très peu et par conséquent j’avais maigri. Maintenant, je remange avec appétit et je regrossis. Vous pouvez donc être tout à fait rassurés... »

Wolf-Rüdiger obtint le diplôme de compagnon menuisier, gagna le championnat de ski de Chiemgau et passa son baccalauréat en été 1956. La même année, il s’inscrivit à l’Université technique de Munich et commença des études d’ingénieur.

Pour financer ses études, il travaillait parallèlement, tantôt comme figurant au théâtre, tantôt comme porteur de journaux ou enseignant auxiliaire. « L’année prochaine, je partirai en Suède pour être bûcheron », disait-il.

Jusque-là, il menait donc une vie d’étudiant ordinaire. Cet étudiant ne se trouva sous les projecteurs publics que lorsqu’il refusa de faire son service militaire. Tout le monde s’intéressa à lui. Le fils de Rudolf Hess, le fils de Rudolf Hess...

À deux reprises, Wolf-Rüdiger Hess parut cette année-là devant une commission de réforme. La première fois le 23 février, au bureau du Service civil municipal, la seconde fois le 19 juillet au bureau du Service civil départemental. La première audition dura une demi-heure, la seconde une heure. À deux reprises, le jeune Hess chercha à faire comprendre aux juges ses problèmes de conscience.

« Mon père fut condamné parce qu’il a aidé à fonder la Wehrmacht allemande, en 1936. Il est toujours emprisonné pour cela par les Américains, les Anglais, les Français et les Russes. Aujourd’hui, je suis censé servir une nouvelle Wehrmacht allemande, aidée et soutenue par les Américains, les Anglais et les Français... Vous comprendrez que je ne peux pas le faire... »

« Je refuse le service militaire ni pour des raisons religieuses ni idéologiques, souligna Wolf-Rüdiger Hess dans les deux auditions. Je retirerais immédiatement ma demande si mon père était libéré de prison. »

La délibération dura cinq minutes au bureau du Service civil municipal, et vingt minutes au bureau du Service civil départemental. Le résultat fut le même. « Le mobilisable n'est pas autorisé à refuser le service militaire. D'après l'avis du conseil de révision, il est apte au service militaire général. Le lieu et la date de son entrée en fonction seront précisés sur l'avis de mobilisation. »

En seconde instance, on admit que sa demande était compréhensible en raison de la relation père-fils et qu'elle témoignait de sens de la famille, mais que, dans le respect de l'esprit de la loi, elle ne pouvait être acceptée. « Selon la conviction de la Chambre, le mobilisable ne subit pas une contrainte impérieuse dictée par sa conscience. »

Alors le fils du principal accusé numéro deux du procès de Nuremberg va devoir très prochainement revêtir l'uniforme. À moins qu'il ne se décide en dernier ressort de faire appel, en troisième instance, à la cour suprême de Munich, et de porter plainte contre la République fédérale d'Allemagne.

Sur un site web, l'histoire continue

Il aurait encore plein de questions à lui poser. Ce serait son vœu le plus cher : de pouvoir lui poser ces questions. Pour lui, ce serait comme de consulter un oracle ou un dieu omniscient qui écarterait tous les doutes. On ne peut pas aimer, admirer, aduler davantage un père mort qu'il le fait. Ce que Rudolf Hess a dit et écrit, tout au long de sa vie, a toujours été une bible pour Wolf-Rüdiger Hess. Et tout ce qu'il avait encore à dire, s'exclame le fils d'une voix désespérée : « Quelle tragédie allemande, que cette source ait tari avant de pouvoir jaillir ! »

Rudolf Hess mourut en 1987 à Spandau, dans la prison militaire des Alliés. L'ancien adjoint du Führer avait atteint quatre-vingt-treize ans. Cause officielle de sa mort : suicide par pendaison. Son fils est persuadé qu'il a été assassiné, ce père tant aimé qui a été au centre de toute sa vie. Il parle de preuves, d'informations sûres. Mais nul ne veut l'entendre. C'est là une des raisons pour lesquelles Wolf-Rüdiger Hess considère aujourd'hui le monde avec tant d'amertume et de haine.

Ses questions : De quoi as-tu parlé avec Hitler, lors de votre dernière conversation en tête à tête, avant que tu t'envoles pour l'Angleterre, en 1941, avant ton voyage de paix ? Que savait le « Führer » exactement, de quoi étiez-vous convenus ? « Je suis sûr, dit Wolf-Rüdiger Hess, que

Hitler était au courant de ce vol, dans tous les détails. Des témoins ont dit que cette dernière conversation a été très vive et que les deux hommes ont élevé la voix. À la fin, Hitler aurait dit, Hess, vous êtes et vous resterez une tête de mule. » Le fils paraît ému en racontant la scène. Comme s'il pensait : Diantre, mon père et le grand « Führer ».

Il l'interrogerait aussi sur la conversation qu'il a eue avec Rosenberg, juste avant son départ. Mais, naturellement, la curiosité du fils ne se limiterait pas au départ en Angleterre. Il aimerait aussi que son père lui raconte les débuts du mouvement national-socialiste. Ça a dû être une époque extraordinaire, ces premières années, une époque fascinante, dit-il, « tout simplement unique ». Il a toujours cherché à convaincre sa mère d'enregistrer sur cassette ses souvenirs de ces premières années, « je lui ai même acheté un magnétophone exprès, mais elle ne l'a pas fait. Quelquefois, elle a enregistré quelque chose, mais elle a tout effacé ensuite. Je ne sais pas pourquoi. Elle n'a jamais aimé parler de l'époque. Maintenant, elle est morte. Maintenant, il est trop tard ».

Nous nous trouvons dans une auberge bavaroise, dans le faubourg munichois de Gräfelfing. Wolf-Rüdiger Hess regarde assez longuement le menu, « bien que je sache déjà ce que je veux. Je lis toujours le menu et, à la fin, je prends du rôti de porc ». Son mauvais état de santé ne se voit pas : c'est un homme imposant au front très haut, aux cheveux en couronne et au visage rouge. La première impression pourrait être aussi : un type chaleureux, baroque. Il dit que sa vie a aussi été plaisante et gaie. Je lui demande s'il a eu des relations qui n'avaient rien à voir avec le destin de son père. Oui, répond-il, bien sûr, et il évoque des amis avec qui il jouait aux cartes ou pratiquait un sport, des activités de ce genre, « avec eux je ne parlais pas de mon père ». Mais, naturellement, l'engagement pour son père lui a pris le plus clair de son temps libre. Il y a quelques années, il a dit dans une interview :

« Je n'ai pas eu de loisirs, mon temps libre, je l'ai consacré à mon père. »

Il est en dialyse. Cela signifie que ses reins ne fonctionnent plus. Depuis neuf ans, déjà, trois fois par semaine, il doit aller se faire purifier le sang. Chaque séance dure six heures ; il les passe dans une chambre d'hôpital « avec télévision, casque et tout ». Après la séance, on est totalement épuisé, « quelquefois, je me suis écroulé à la fin d'une dialyse, tellement j'étais épuisé. Autrement, on rentre chez soi et on se couche. C'est tout ce qu'on peut faire ». Il est sur une liste d'attente pour une transplantation rénale, le seul, l'unique espoir. Mais il y a trop de malades sur la liste dont l'état est plus mauvais que le sien, et il y a trop peu de donateurs d'organes. Finira-t-il par obtenir une transplantation, un jour ? Il se montre pessimiste, « il n'y a pas beaucoup de chances ». Il dit aussi que le corps médical gagne beaucoup d'argent avec ces dialyses, trop pour vouloir vraiment changer ce système. Sur ce point aussi, il est très méfiant.

Lors d'un de ses nombreux voyages en Afrique, dans les années 60 et 70, il a attrapé une grave maladie vermineuse. À plusieurs reprises, il a dû séjourner pendant des semaines à l'Institut des maladies tropicales de Hambourg. Il pense que ses reins ont souffert de ce lourd et long traitement médicamenteux.

Son séjour en Afrique du Sud a été une des étapes marquantes dans sa vie, raconte Wolf-Rüdiger Hess. Non pas à cause de la maladie, pas du tout. Mais il dit avoir découvert pour la première fois, à cette époque-là, la différence entre la vérité telle qu'elle est décrite unanimement dans les médias et la vérité vraie. Je lui demande ce qu'il veut dire par là. Eh bien, dit-il, tout le monde a été d'accord pour dire combien ce régime de l'apartheid et l'oppression de la population noire avaient été épouvantables. Nous n'avons évoqué le sujet qu'en passant, mais les quelques phrases qu'il a prononcées peuvent se résumer ainsi : la séparation des races est la seule solution, c'est évident, sous le gouvernement des Blancs — de qui d'autre ? Nous n'approfondissons pas davantage le sujet.

Pendant longtemps, j'ai cru que nous n'arriverions pas à nous rencontrer. Wolf-Rüdiger Hess répondit à ma première lettre que, à cause de sa mauvaise santé et du peu de temps qu'elle lui laissait, il ne recevait que des visiteurs triés sur le volet. Il me demanda donc de lui écrire très précisément les questions que je voulais lui poser. Il allait décider ensuite si ce projet pouvait être intéressant pour lui on non. Par ailleurs, il ne se souvenait plus de la rencontre avec mon père qui avait eu lieu environ quarante ans plus tôt.

Il n'est pas si facile de formuler quelques lignes de telle façon qu'une personne qu'on veut absolument rencontrer « morde ». Si l'on veut, mon point de vue est celui d'un voyeur. J'ai donc écrit que je m'intéressais à la théorie du meurtre du père, et à la solidarité dans les familles par des temps difficiles. Quelque chose comme cela. Il a répondu en quelques lignes brèves que tout cela ne l'intéressait pas, en me conseillant de lire ses livres. Désolé.

Dans la lettre suivante, envoyée quelques semaines plus tard, je lui dis que j'aimerais discuter avec lui du national-socialisme d'une manière générale. Lui demander ce qu'il pensait de la manière dont le pays avait affronté le passé. Savoir ce qu'il en avait conclu. Assez vite, je reçus un fax en retour : OK — la persévérance paie, chez moi, vous pouvez venir.

Quelques jours plus tard, il vint me chercher dans une lourde Mercedes bleue à la station de tramway. L'histoire écrite par mon père se terminait en 1959. Aujourd'hui, nous sommes une belle journée de mars de l'an 2000. Comment les quarante et un ans qui séparent les deux dates se sont-ils passés, comment son histoire a-t-elle continué ?

Wolf-Rüdiger Hess termina ses études d'ingénieur avec un très bon diplôme. Il entra dans une agence d'ingénieurs qui était dirigée avec succès par un homme qui avait un passé — il avait occupé un poste important dans l'équipe d'Albert Speer. Wolf-Rüdiger Hess fit carrière, d'une certaine façon, et, rapidement, il gagna bien sa vie. Pendant des années, il travailla comme conseiller pour des projets de construction dans différents pays arabes. Il put se payer une grosse Mercedes, une maison dans une banlieue chic de Munich. Son plus beau travail, dit-il, était la conception d'un nouveau grand aéroport à Hambourg. Il a eu cent personnes et plus à ses ordres, c'était lui le coordinateur. Pour des raisons politiques, cet aéroport n'a jamais été construit. Dommage, dit-il. Et il ajoute : On va probablement construire un aéroport gigantesque à Berlin-Schönefeld. Cela l'exciterait. Son expérience pourrait être utile. Peut-être va-t-il proposer son aide. Et, au moment où il le dit, il a l'air d'y songer sérieusement. Peut-être avec un nouveau rein. Peut-être pourrait-il retravailler.

Son histoire de service militaire s'est bien terminée. Wolf-Rüdiger Hess a fini par être accepté en tant qu'objecteur de conscience, en 1964. On peut supposer que cette décision n'a pas été prise dans le plus parfait respect de la loi. Car, naturellement, la raison avancée par l'objecteur de conscience — l'emprisonnement du père — n'a pu être acceptée. Si la juridiction avait été respectée à la lettre, le fils aurait même dû être envoyé en prison, vraisemblablement. Il aurait sûrement été prêt à aller en prison pour son père. Mais, à un moment donné du procès, il a dû y avoir quelqu'un dans cette administration judiciaire qui ne visait pas les gros titres dans les journaux et qui voulait surtout être débarrassé de ce cas.

En 1969, Wolf-Rüdiger Hess rendit pour la première fois visite à son père. Il dit que cette première rencontre avait été très chargée d'émotion, mais aussi très maladroite. Une pièce réservée aux visites, quatre mètres sur quatre, au milieu une table où était assis le vieux père, âgé de soixante-quinze ans. Nous avions la situation en main, dit Wolf-Rüdiger Hess, « nous possédons une grande autodiscipline, dans la famille ». Il y eut cent deux visites, au total, jusqu'à la mort du père. Il a tout noté méticuleusement, visite après visite. Ne serait-ce que parce qu'il se faisait rembourser les frais de voyage par l'association de soutien « Liberté pour Rudolf Hess », une association qui militait pour la libération de l'ancien adjoint de Hitler. C'est ce groupement qui payait les voyages à Berlin, jusqu'à la prison de Spandau. La plupart du temps, Wolf-Rüdiger Hess allait voir son père seul ; une trentaine de fois, sa mère l'accompagna.

Cent deux visites. Jamais il ne fut seul avec lui. La plupart du temps, un des quatre directeurs de la prison assistait à la visite — un Russe, un Français, un Américain et un Anglais. La prison était placée sous la direction et la responsabilité des Alliés. Les conversations entre le père et le fils étaient soumises à une règle : jamais un mot sur la politique, le national-socialisme, toute cette époque. S'ils transgressaient cette règle, la visite était interrompue aussitôt. Tout contact physique, même le serrement des mains, était interdit. Cinq minutes avant la fin de la visite, un gardien commençait à compter à haute voix. Je lui demande si cette situation, ces visites, continuaient à hanter ses rêves. Non, répond Wolf-Rüdiger Hess, ou peut-être si, mais, le matin, il ne se souvient plus de ce qu'il a rêvé, « tout cela est toujours parti ».

Wolf-Rüdiger Hess dit qu'il n'a eu qu'une seule préoccupation, pendant de longues années : la libération du père. C'est une des raisons pour lesquelles il est resté à l'écart des discussions politiques : il ne voulait pas risquer de tomber en disgrâce. Il a mené une vie prudente. Surtout ne pas dire son opinion sur le national-socialisme. Maintenant qu'il sait que tous ses efforts et ses espoirs ont été vains, il a renoncé à toute prudence. Aujourd'hui, il tape sur la table, il se déchaîne. Sans doute cette colère vient-elle en partie de ce qu'il se demande s'il a bien fait d'être toujours si sage et si raisonnable.

Il a demandé de l'aide à tout le monde. Il a obtenu

des rendez-vous auprès de toutes les personnalités, qu'il s'agisse des chanceliers Willy Brandt, Helmut Schmidt ou Helmut Kohl, ou des présidents Scheel, Carstens ou von Weizsäcker. Et ils l'ont tous aidé, du moins pour la forme. Au cours de toutes ces années, ils n'ont pas arrêté de présenter des recours en grâce auprès du Conseil des Alliés. Ils ont demandé qu'on libère enfin de cette prison fantôme ce vieillard qui fut un jour Rudolf Hess.

Rien n'y fit. L'avocat de Hess, Alfred Seidl, qui entretemps avait fait une carrière politique et finit par devenir ministre de la Justice de la Bavière, essaya tout ce qui était en son pouvoir — en vain. Rudolf Hess atteignit quatre-vingts, quatre-vingt-cinq, quatre-vingt-dix ans, mais les Alliés demeurèrent fermes. Comme si l'on voulait emmurer avec cet homme un monument vivant. Comme si ces quatre grands pays voulaient se servir de ce vieillard pour continuer à montrer qu'on n'oublierait pas de sitôt ce que l'Allemagne avait fait subir au monde.

Dans la tête du fils se fixa une vision différente qui, d'année en année, s'affirma : ils ne laissent pas sortir mon père parce qu'ils ne supportent pas la vérité, la vérité que raconterait mon père. Sur le national-socialisme, sur Hitler, sur la destruction des Juifs, sur son départ en Angleterre en 1941, sur la responsabilité des Alliés dans la guerre. C'est sur cette version des choses que Wolf-Rüdiger Hess a construit sa vie : à l'intérieur de la prison, le héros, à l'extérieur, le mensonge collectif. Tôt ou tard, cet édifice de mensonge va s'écrouler, dit Wolf-Rüdiger Hess, et l'on se rendra compte que le national-socialisme a été tout autre chose que ce régime de terreur auquel on voudrait nous faire croire. Et, tout en mangeant son rôti de porc, cet homme gravement malade affirme sérieusement qu'un jour le peuple allemand rejettera tous ces mensonges qu'on raconte sur l'histoire de l'Allemagne. Et, bien sûr, la grandeur morale de son père sera un jour décrite par les livres d'histoire allemands. Rudolf Hess, le martyr de la paix, c'est ainsi que son fils aime l'appeler. Ne s'est-il pas envolé pour l'Angleterre, en 1941, pour sauver la paix mondiale, pour empêcher la guerre... ?

Naturellement, les circonstances de la mort du prisonnier de quatre-vingt-treize ans conviennent parfaitement à la vision du fils, il suffit de les arranger un petit peu. Sous Gorbatchev, les Soviétiques auraient laissé entendre qu'une libération pouvait être possible, alors il fallait que les Anglais tuent le prisonnier pour qu'il ne puisse pas dire du mal de Churchill ni de tous les autres. Il est vrai que certaines circonstances de cette mort restent obscures et qu'il existe des incohérences comparables à celles concernant les suicides des terroristes dans la prison de Stuttgart-Stammheim, par exemple. Wolf-Rüdiger Hess a commandé une expertise qui met en doute la version officielle de la cause de la mort. Il y a des témoignages contradictoires. Il est vrai également que, pour rien au monde, Wolf-Rüdiger Hess n'abandonnera la théorie de l'assassinat. Niklas Frank, le fils du redoutable assassin de Polonais Hans Frank, a dit qu'il a toujours été content que son père soit mort, qu'il ait été pendu. C'est au moins cela. L'idée que son père aurait continué à vivre derrière des barreaux pendant toutes ces années, comme Rudolf Hess, lui est difficilement supportable. « Je pense que, sur ce point, le fils de Hess a eu plus lourd à porter que moi. Sur ce point, son destin pèse plus lourd. »

Un jour de mars de l'an 2000, quelque part non loin de Munich. C'est donc ainsi que l'histoire de Wolf-Rüdiger Hess a continué. Il est devenu un fervent admirateur d'Adolf Hitler. Quelqu'un qui doute que l'Holocauste organisé ait existé. Un antisémite qui dit que, lorsqu'un peuple a autant d'ennemis, il doit y avoir une raison. Si un enfant est rejeté par ses camarades de classe dans une première école, cela peut être dû à la classe, dit-il. Mais s'il est rejeté aussi dans une autre école, puis dans une troisième, « alors c'est la faute de l'enfant. Et, avec les Juifs, c'est la même chose. Bien sûr, il y a aussi des Juifs qui sont différents, mon père avait de bons contacts avec quelques Juifs ». Wolf-Rüdiger s'est approprié les idées de son père jusqu'à la dernière virgule. Il est devenu une tête en béton, malade et amère. Un homme qui nie même les dimensions de l'Holocauste.

Je me tais beaucoup pendant notre conversation. Je réfléchis à la manière dont mon père se serait comporté face à cet homme. Se serait-il tu, lui aussi ? Ou se serait-il mis en colère face à... ce vieux nazi ? Aurait-il pris une attitude indignée, du genre : Comment pouvez-vous ? Comment pouvez-vous admettre que la seule leçon que vous ayez tirée de cette horrible histoire, c'est que tout a été complètement différent et merveilleux ? Lui aurait-il demandé comment il avait supporté les photos des camps de concentration, des monceaux de cadavres ? Les photos de ces êtres humains squelettiques, affamés ? Les destins de ces gens qu'on a détruits pour la seule raison qu'ils étaient juifs et que des hommes comme son père les avaient assimilés à une sorte de vermine ? Est-ce que vraiment aucune de ces histoires ne l'a bouleversé ? Mon père lui aurait-il lancé, même si sa colère n'aurait servi à rien : c'est un peu lamentable, comme conclusion pour sa propre vie, l'unique constat : « tous les autres mentent, tous sauf mon père, le grand Rudolf Hess, et moi »...

Ou mon père aurait-il été triste, avant tout ? Sans doute quelques-uns des traits de caractère du vieil homme d'aujourd'hui ont-ils été présents déjà chez le jeune homme qu'il a rencontré à l'époque, mais son évolution n'était pas prévisible — ou bien si ? Mon père aurait-il eu une ombre de compréhension pour lui ? Pour un homme que les circonstances extérieures ont poussé à s'enfermer dans une niche faite de paranoïa et d'une perception sélective et trouble des choses. Comment aurait-on évolué soi-même si l'on n'avait connu son père qu'à travers cent deux rencontres étalées sur vingt ans, en présence d'employés de prison ?

Je me souviens d'une photo qui est reproduite dans un

des livres de Wolf-Rüdiger Hess : le petit Wolf-Rüdiger, âgé d'environ trois ans, lève les yeux vers son père, debout cinquante centimètres devant lui, les mains jointes. Mais l'essentiel sur cette photo, c'est l'homme qui frotte ses mains contre les bonnes joues de l'enfant. C'est Adolf Hitler, en uniforme. On voit qu'il est en train de parler au garçon. Qu'a-t-il bien pu lui dire ? Je me pose la question : en réalité, ce petit bonhomme a-t-il seulement eu une chance de s'en sortir ? Qu'aurait-il dû faire pour ne pas devenir ce qu'il est devenu ? C'est la première fois que je me pose cette question, depuis que j'ai commencé à travailler sur les enfants de nazis. Ce ne sera pas la dernière.

Je m'entends demander à Wolf-Rüdiger Hess, dans ce restaurant bavarois, ce qu'il pense du fait que son père continue à être la grande idole de la scène néo-nazie. C'est affreux, dit-il, vraiment affreux. Lui-même a été invité mille fois à des manifestations. « Je n'y suis jamais allé. Bien sûr, ils m'auraient fait un bel accueil, mais je les trouve trop simples, trop bêtes, trop primitifs. Ces gens-là ne m'intéressent pas du tout. » Au contraire, dit-il ces gens nuisent à la cause, et même à la mémoire de son père. « Ils croient que nous sommes toujours dans les années 30. Ils n'ont pas du tout compris que la pensée doit évoluer en fonction de l'époque dans laquelle on vit. »

Je lui demande ce qu'il pense de quelqu'un comme Jörg Haider, le populiste de droite autrichien. « C'est quelqu'un, dit Wolf-Rüdiger Hess ; il a de l'envergure, il me plaît. C'est un homme politique moderne qui a quelque chose à dire. » Il le suit avec grand intérêt ; s'il se présentait en Allemagne, il voterait probablement pour lui.

Je lui pose une dernière question. J'aimerais savoir s'il y a eu des moments, dans sa vie, où il a perçu le nom de son père comme une malédiction. « Comme une malédiction ? reprend Hess. Non, en aucun cas, jamais. » Il ne comprend même pas la question. Comment ce grand nom pourrait-il être une malédiction ? « Vous savez, dit-il, j'ai toujours eu beaucoup de soutien chez les gens, chez les Allemands, dans le travail pour mon père. Mes livres se sont bien vendus, ils ont été quelque chose comme de petits best-sellers. « Le nom de mon père continue à faire bon effet. Les gens ont toujours aimé mon père, et c'est toujours le cas aujourd'hui. Je n'ai jamais été confronté à des réactions hostiles, au contraire. » Il dirait plutôt que ce nom l'a servi.

Et il me parle de son fils qui est déjà un jeune homme, à son tour. D'après son père, il s'intéresse beaucoup à son grand-père et à son destin. Il s'appelle Wolf Andreas. Dans son livre intitulé *Rudolf Hess : Ich bereue nichts* (« Rudolf Hess : Je ne regrette rien »), Wolf-Rüdiger Hess raconte qu'il a chaque fois informé son père emprisonné des naissances de ses trois enfants. Sa première fille est née un 23 avril ; Rudolf Hess lui envoya une lettre de félicitations, tout en critiquant, sur un ton légèrement ironique, sa « précision approximative », en allusion au 20 avril, l'anniversaire du « Führer ». Aussi incroyable que cela paraisse : un an plus tard naquit le petit Wolf Andreas et, cette fois-ci, son père avait « visé juste ». Sa date de naissance était exactement le 20 avril.

Cela paraît en effet incroyable. En tout cas, aujourd'hui, le père fait l'éloge de son fils « qui a entièrement compris l'importance de son grand-père ». C'est un fana d'ordinateurs, dit son père fièrement. En ce moment, il est en train de concevoir un site web pour Rudolf Hess, « c'est quelque chose de formidable ».

L'histoire n'est pas encore terminée.

Le manuscrit de 1959
Martin Bormann junior

Sous l'image de la madone de Maria Kirchtal brûlent douze cierges.

Les mariés se tiennent au centre, devant l'autel.

« Monsieur, commence le curé d'une voix solennelle, je vous demande : avez-vous examiné votre conscience devant Dieu, et êtes-vous venu ici librement et sans contrainte pour épouser votre fiancée, ici à vos côtés ?

— Oui », dit le marié.

Il règne un silence quasi complet, dans la petite église de pèlerinage. Quelques femmes sortent discrètement leur mouchoir. Les bancs d'église craquent doucement.

« Voulez-vous aimer votre future épouse, la respecter et lui être fidèle jusqu'à ce que la mort vous sépare ?

— Oui. »

C'est déjà le troisième mariage qui est célébré ce 13 août 1960 dans l'église baroque de Maria Kirchtal qui surplombe la vallée de Lofer. Un mariage comme mille autres. Avec une mariée en blanc, des roses blanches, des larmes, de la musique d'orgue et une chorale d'hommes.

Rien ne frappe les gens qui visitent l'église à ce moment-là. Ils jettent un coup d'œil furtif aux dos des mariés et ressortent. Sans savoir quels sont ces gens venus célébrer un mariage, agenouillés en habits du dimanche, des livres de prières à la reliure dorée à la main, sans s'apercevoir que le curé et le marié se ressemblent comme deux gouttes d'eau.

Le curé se tient tout près du marié, maintenant. Les murs de l'église renvoient ses paroles comme un écho : « Êtes-vous prêt à accepter et à élever les enfants que Dieu vous donnera, comme c'est le devoir d'un père chrétien ? »

Pour la troisième fois, le curé en chasuble blanche vouvoie le marié et, pour la troisième fois, le jeune homme en costume noir répond « oui ».

Alors que les deux hommes sont frères.

Le curé s'appelle Martin Bormann. Et le marié s'appelle Gerhard Bormann.

Leur mère est morte depuis quinze ans. Leur père a disparu depuis quinze ans : il s'agit du Reichsleiter[1] Martin Bormann, l'homme le plus puissant après Hitler, condamné à mort par contumace, à Nuremberg, recherché par les services secrets du monde entier et toujours introuvable...

Dans l'église de pèlerinage de Maria Kirchtal, les mariés s'agenouillent. Le jeune Martin Bormann dit la messe.

Les cloches se mettent à sonner.

Martin Bormann n'est pas le curé de Maria Kirchtal. Il appartient à l'ordre des missionnaires du Sacré-Cœur de Jésus, et il est préfet au collège religieux de Salzbourg-Liefering. Gerhard Bormann travaille à Freising, près de Munich, comme électricien. La fête familiale doit avoir lieu plus tard, à Essen, parce que deux frères et une sœur habitent dans la Ruhr.

Que l'on ait choisi pour le mariage justement cette église de pèlerinage autrichienne très à l'écart n'est nulle-

1. Ministre du parti national-socialiste *(NdT)*.

ment un hasard. Maria Kirchtal a scellé le destin du fils aîné du redoutable Reichsleiter Bormann...

Le 15 avril 1945, l'école nationale-socialiste de Matrei, au Tyrol, ferma ses portes. Les quatorze phrases de Adolf Hitler qui ornaient les murs furent démontées, et une cinquantaine de garçons renvoyés chez eux.

Un de ces garçons était Martin Bormann. La veille, il avait fêté son quinzième anniversaire. Aujourd'hui, il allait à Munich, vêtu de la chemise brune des Jeunesses hitlériennes et muni d'un ceinturon, d'une bandoulière et d'un couteau de scout. Un petit louveteau à qui on avait essentiellement appris à décliner le mot « victoire finale », à Matrei.

À Munich, il chercha entre les ruines l'administration où travaillait son père. Il la trouva. On était en train de la dissoudre. Le secrétaire Hummel prit le garçon à part. « Ton père est à Berlin. Nous n'avons pas de nouvelles de lui. Le mieux, c'est que tu essaies de rejoindre ta mère.

— Où est-elle, ma mère ? » demanda le louveteau.

Le secrétaire Hummel s'avança jusqu'à la grande carte de l'Allemagne. « Voici la montagne de Wolkenstein. Et voici le bourg de Gröden. C'est ici que vit ta mère avec tes frères et sœurs. J'ai perdu le contrôle de la situation, mais cette région-là est censée être déjà en grande partie occupée par l'ennemi. »

Le petit Bormann rejoignit Salzbourg en auto-stop. La ville était remplie de soldats de tous les corps d'armes. Salzbourg était l'impasse où se terminait la retraite. Les Russes arrivaient du sud et de l'est, les Américains de l'ouest et du nord. La situation était plus que désespérée. Mais on n'en continuait pas moins à rassembler les soldats dispersés et à former de nouvelles unités. Il continuait d'y avoir des ordres, et même un Gauleiter[1].

C'est chez lui que se présenta Martin Bormann. Le

1. Chef de district du parti national-socialiste *(NdT).*

Gauleiter regarda le garçon en silence, pendant un moment, puis il dit quelque chose de surprenant.

« Il faut que tu enlèves l'uniforme et que tu changes de nom. Je vais te faire faire de faux papiers tout de suite.

— Pourquoi changer de nom ?

— Pourquoi ? Parce que le nom de Bormann n'est plus bon à porter.

— Et où dois-je aller ? » demanda le garçon.

À cette question, le Gauleiter n'avait pas de réponse, lui non plus. « Tu vas bien trouver un endroit. Et si on t'arrête, tu ne dis pas mot de ton père. Le mieux, c'est que tu dises que tes parents ont été tués lors des bombardements de Munich. »

Ayant changé de vêtements, comme un voleur, des faux papiers en poche, Martin Bormann junior quitta le bureau du Gauleiter. Il dormit dans une caserne et suivit un groupe de SS. Lorsque le dernier ordre fut donné, l'adolescent de quinze ans était debout dans la formation rangée. L'ordre était : défense de la forteresse des Alpes.

Personne ne savait où était censée se trouver la forteresse des Alpes. Les SS se retirèrent dans les montagnes de Lofer. Au-dessus de Weissbach et de Saint-Martin, ils continuèrent à combattre jusqu'au 5 mai. Puis, soit ils se constituèrent prisonniers, soit ils essayèrent de fuir dans des vêtements civils.

Le jeune Bormann trouva refuge à la ferme de Querleitner. La ferme se trouvait en pays salzbourgeois, en altitude, à une heure et demie du village le plus proche. Mais ce n'était pas encore assez isolé. Presque tous les jours, une Jeep montait lentement de la vallée. Des policiers militaires lourdement armés fouillaient les chambres, les étables et les granges à la recherche de SS cachés.

Aucun d'entre eux ne s'intéressait au garçon qui passait devant eux pour mener les vaches à l'alpage. Bien sûr, ils ne pouvaient pas deviner que ce garçon, né le

19 avril 1930, avait été baptisé du nom de Martin Adolf, et qu'il avait pour parrain Adolf Hitler.

De la même façon, le paysan Nikolaus Hohenwarter n'imaginait pas que si Martin, les premiers jours, disait le bénédicité à table d'une voix à peine audible, c'est parce qu'il n'en connaissait pas les paroles. Ce n'est qu'au bout de plusieurs jours qu'il réussit, en imitant les autres, à faire le signe de croix, et, après quelque temps, il pouvait dire distinctement et d'une voix forte : « Notre Père qui êtes... »

Peu à peu, il oublia ce qu'on leur avait appris à dire à table à Matrei : « Laissez le lâche se consumer de frayeur ! Qui lutte pour une cause noble ne doit pas avoir peur ! Il faut choisir entre la mort et la vie — bon appétit ! »

Le dimanche, il accompagnait Nikolaus Hohenwarter à la messe ; il y avait une heure et demie de marche jusqu'à Wiessbach. Au début, il ne le faisait que pour faire plaisir au paysan. Et parce qu'il pouvait difficilement lui dire qu'il était *freireligiös* [1]...

Pendant cet été de 1945, le paysan désignait parfois la montagne qui leur faisait face : « Là-bas se trouve la plus belle église de notre région — Maria Kirchtal. »

Une seule fois, Hohenwarter eut un doute : un soir avant d'aller se coucher, le garçon lui dit tout à coup : « Que peut bien faire ma mère à l'heure qu'il est ? »

Ta mère ? faillit demander Hohenwarter. Car Martin lui avait raconté, en suivant le conseil du Gauleiter de Salzbourg, que ses parents avaient péri dans les bombardements.

Mais finalement il ne posa aucune question. Il voulait attendre que le garçon se mette à parler de son propre gré.

1. Terme désignant une mouvance religieuse qui prône une foi en une puissance spirituelle invisible, mais qui se distingue des communautés religieuses dogmatiques *(NdT)*.

Pendant ce temps-là, la mère de Martin Bormann se trouvait dans la prison d'Untermais, près de Merano.

Elle était interrogée sans interruption par des officiers du CIC[1].

« Où se trouve votre mari ? »

« Où se trouve votre fils aîné ? »

Les Alliés préparaient en Allemagne le procès de Nuremberg. À l'exception de Hitler, de Goebbels et de Himmler, qui s'étaient suicidés, tous les dirigeants nazis connus étaient derrière les verrous. Seul manquait pour l'instant le Reichsleiter Martin Bormann. Et, celui-là, on voulait absolument le voir sur le banc des accusés.

« Je ne sais rien », dit Gerda Bormann.

Mais on ne la croyait pas. Pas plus qu'on n'avait cru Kempka, le chauffeur de Hitler, et le Reichsjugendführer Axmann, qui avaient prétendu que Bormann était tombé dans la bataille de Berlin. On croyait à tout, sauf à l'obus qui par hasard aurait déchiqueté l'homme le plus rusé de tout l'entourage de Hitler.

Les officiers du CIC ne lâchèrent pas Gerda Bormann.

« Quand votre mari a-t-il donné pour la dernière fois signe de vie ?

— Début avril, de Berlin...

— Où se trouve sa cachette ?

— Je ne sais pas », répéta Gerda Bormann jusqu'à l'épuisement. Puis elle demanda : « Quand pourrai-je rentrer et retrouver mes enfants ?

— Pas pour l'instant.

— Ai-je au moins le droit de leur écrire ?

— Non. »

Ce refus précipita Gerda Bormann dans le désespoir car, lorsque le CIC était venu la chercher, dans sa maison à Gröden, elle avait dû abandonner précipitamment ses

1. Counter Intelligence Committee (contre-espionnage américain) *(NdT)*.

huit enfants. Joseph Volker n'avait qu'un an. Eicke en avait treize. Entre les deux, il y avait toutes les tailles : Irma, Heinrich, Gerhard, Eva-Maria, Gerda et Friedrich Hartmut. De Martin, l'aîné, on n'avait aucune nouvelle.

Finalement, Madame Bormann réussit à glisser à Theo Schmitz, le curé de la prison, une lettre que celui-ci fit parvenir à sa destinataire, une certaine Paula Pallhuber, à Peroa, près de Bruneck. « S'il te plaît, occupe-toi de mes enfants », y était-il marqué.

Paula Pallhuber, qui avait tenu le ménage des Bormann, dans leur villa à Munich-Pullach, fit tout de suite ses bagages et alla voir si tout était en ordre, à Gröden. Paula Pallhuber, qui est aujourd'hui mariée et s'appelle Golderer, commente : « Je n'ai pas réfléchi une seconde. Madame Bormann a toujours été réglo. »

La maison de Gröden était surveillée en permanence par les services secrets. On attendait que Martin Bormann, criminel de guerre recherché, entre en contact avec ses enfants. Les puissances d'occupation avaient fait coller deux cent mille affiches dans toute l'Allemagne en demandant à Bormann de se rendre. « S'il ne paraît pas, son cas peut être traité en son absence, le 20 novembre 1945, au palais de justice de Nuremberg. S'il est jugé coupable, la peine sera appliquée, selon les ordres de la commission de contrôle pour l'Allemagne, sans nouveau procès, dès qu'il aura été trouvé... »

En automne 1945, Madame Gerda Bormann fut transférée à l'hôpital militaire de Merano. Elle était gravement malade. Le diagnostic dépassa ses pires craintes : elle souffrait d'un cancer de l'utérus. Elle n'avait toujours pas le droit de recevoir des visites ni d'écrire des lettres. Le curé de la prison, Theo Schmitz, lui promit, quand elle fut sur son lit de mort, de s'occuper de ses enfants.

Gerda Bormann mourut le 23 avril 1946. Son fils Martin n'apprit sa mort qu'un an plus tard, par un article dans le *Salzburger Nachrichten*.

Le curé Schmitz télégraphia la nouvelle de la mort de

Gerda Bormann à Gröden. Paula Pallhuber chargea une voisine de garder les deux enfants les plus petits. Avec les six autres, elle prit le train pour Merano. Ils arrivèrent juste à temps pour l'enterrement.

Il n'y eut ni couronnes ni discours. La femme du nazi le plus puissant, après Hitler, n'eut même pas de tombe à elle. Au cimetière de Merano, on rouvrit une tombe qui avait déjà été refermée. Gerda Bormann partage sa dernière demeure avec le caporal Horst Brügger.

En avril 1946, le jeune Martin Bormann continuait à vivre sous un faux nom à la ferme isolée de Querleitner, derrière les montagnes de Lofer. Il ne savait rien de la mort de sa mère. Il n'avait aucune idée de l'endroit où se trouvaient ses frères et sœurs. Dans le journal, il lut que le procès contre son père se déroulait en son absence.

Puis il lut la nouvelle de la condamnation à mort. Le même soir, il avoua au paysan Nikolaus Hohenwarter qui il était vraiment.

Normalement, le paysan Hohenwarter aurait dû le dénoncer. Mais il alla voir le curé de Weissbach. Ce dernier parla de l'affaire avec le curé de Maria Kirchtal.

Le père Regens, de Maria Kirchtal, prit le fils du Reichsleiter Bormann chez lui, au presbytère.

Le jeune Bormann se convertit à la foi catholique. Pour la deuxième fois de sa vie, il fut baptisé au nom de Martin. Cette fois-ci, sous le signe de la croix. Dix-sept ans plus tôt, la croix avait été une croix gammée...

Dans l'environnement de Maria Kirchtal et sous l'influence du père Regens, Martin Bormann décida bientôt de devenir prêtre. Il devint servant et fit une demande auprès des missionnaires de l'ordre du Sacré-Cœur de Jésus pour être admis dans leur collège. Par retour de courrier, il apprit les conditions : la volonté sincère de devenir missionnaire de l'ordre du Sacré-Cœur de Jésus, de bonnes dispositions, une piété sincère, un bon caractère, une bonne santé, impliquant en particulier l'absence de maladies nerveuses, de tuberculose, d'incontinence ainsi que de maladies répugnantes ou qui défigurent...

D'après cette lettre, seuls étaient exclus des garçons nés hors mariage, des élèves qui avaient été expulsés d'une autre école et des garçons dont les parents attendaient plus tard un soutien matériel.

Rien ne s'opposa donc à ce que Martin Bormann entre au collège de l'ordre des missionnaires du Sacré-Cœur de Jésus. Toutefois, son entrée à l'école fut retardée de quelques semaines parce que les services secrets américains eurent vent de l'identité de celui qui servait le prêtre à l'église de Maria Kirchtal.

Bormann junior fut arrêté et emmené à la prison de Zell am See.

Les interrogatoires durèrent plusieurs jours. On lui posa toujours les mêmes questions.

« Où se trouve ton père ? »

« Quand l'as-tu vu la dernière fois ? »

« Se trouvait-il à Salzbourg, à la fin de la guerre ? »

« Vit-il en Autriche ? Ou en Italie ? Allez, accouche ! »

Mais Martin Bormann n'accoucha pas. Il ne savait rien. Malgré tous les interrogatoires, aucune trace ne conduisait du fils au père.

Le destin de Martin Bormann senior demeura aussi obscur qu'auparavant, et il fallut relâcher Martin Bormann junior. Il retourna à Maria Kirchtal jusqu'à ce qu'il pût partir chez les missionnaires de l'ordre du Sacré-Cœur de Jésus, à Ingolstadt, avec une valise contenant tous ses biens. Là-bas, il dit avec les autres la prière des nouveaux arrivants : « Seigneur, laisse-moi devenir un prêtre ouvert, d'après le modèle de ton cœur saintissime ! Seigneur, récompense les parents qui m'ont offert à toi... »

Avant de quitter l'Autriche, Martin Bormann prit contact avec ses frères et sœurs.

Theo Schmitz, curé de prison et curé militaire, qui

avait promis à Madame Bormann sur son lit de mort de s'occuper de ses enfants, tint parole. Il réussit à les placer de la façon suivante :

— Le médecin Kiener, à Bruneck, dans le sud du Tyrol, prit Eicke chez lui.
— Irma fut accueillie par le marchand de bois Hellweger, à Sankt Lorenzen.
— Gerhard et Eva-Maria trouvèrent un nouveau foyer chez la baronne Giovanelli, à Bolzano.
— Paula Pallhuber emmena Gerda et Friedrich Hartmut chez ses parents à Percha, dans la vallée de Puster.
— Dans la même vallée, Heinrich fut accueilli par le paysan Mutschlechner, à Sankt Martin.
— Le petit Joseph Volker, âgé de deux ans, fut placé chez le paysan Bellenzier, à Luns, près de Bruneck.

Sept des huit enfants Bormann se convertirent au catholicisme dès 1946. Seule Irma refusa de se convertir. Le curé Theo Schmitz ne se contenta pas de placer les enfants dans des familles. Il continua à suivre le destin des filles et des fils du Reichsleiter Bormann.

Le petit Joseph Volker mourut avant l'âge de trois ans. Tout à coup, il ne put plus rien manger et maigrit. La paysanne Bellenzier l'emmena à l'hôpital de Bruneck où il vécut encore un mois. Puis les bonnes sœurs le couchèrent dans un petit cercueil. C'est ainsi que l'on peut lire aujourd'hui, sur une des pierres tombales du cimetière de Dietenheim, dans la vallée de Poster, parmi tous les Bellenzier : « Ci-gît l'innocent enfant adoptif Joseph Volker Bormann. »

Tandis que cette inscription tombale a déjà pâli, il y en a une autre, au cimetière de Milan, qui est toute fraîche : « Eicke Moreni ». Les Italiens qui passent devant ne se doutent pas du tout qu'ici est enterrée la fille aînée de Martin Bormann.

Quand Eicke Bormann arriva chez ses parents adoptifs à Bruneck, à quatorze ans, elle était une jeune fille difficile. Ses ressemblances avec son père n'étaient pas que physiques. Elle avait hérité aussi certains de ses traits de caractère : l'ambition, l'arrogance, le côté dominateur.

« Elle nous causait du souci, dit Madame Kiener aujourd'hui. Elle se souvenait très bien de son père et continuait à le prendre pour un grand homme. Elle ne voulait pas entendre parler de sa culpabilité. Elle était habituée au luxe et croyait qu'elle pouvait continuer à l'exiger. Eicke avait nettement le sentiment d'être mieux que les autres. Elle racontait à ses frères et sœurs ou à ses camarades de classe des histoires du glorieux passé. D'une certaine façon, elle était fière d'être une Bormann. »

Le docteur Kiener envoya Eicke Bormann à ses frais dans une école anglaise de jeunes filles, à Merano. Elle apprenait bien et même avec acharnement. Tous les ans, elle était la meilleure de la classe. Quand, à dix-sept ans, elle se mit à grossir un peu, elle fit une cure radicale d'amaigrissement et perdit dix kilos en un mois.

Après avoir obtenu son baccalauréat brillamment, elle suivit une formation pour devenir professeur. En 1953, elle commença à enseigner à l'école allemande de Merano. Le 26 juillet 1954, elle épousa le chimiste Natalino Moreni, à Milan.

« Ce mariage a eu une influence très positive sur Eicke, raconte Madame Kiener. Elle a perdu son arrogance et ses ambitions démesurées. Elle était heureuse et elle s'est montrée très reconnaissante envers nous, aussi. Eicke et son mari ont passé leur lune de miel chez nous, à Bruneck. »

Les Moreni habitaient un appartement de trois pièces via Silico Italico, à Milan. Le 24 septembre 1955, ils firent part de la naissance de leur fille Elisabeth. Leur bonheur allait durer encore deux ans. Puis Eicke Moreni dut être emmenée dans une clinique ; elle souffrait de la maladie de Werlhof[1]. Elle mourut le 4 juillet 1958.

Le docteur Natalino Moreni se remaria en avril 1959. Aujourd'hui, il a deux enfants avec sa seconde femme. La fille qu'il eut avec Eicke, Elisabeth, grandit dans un orphelinat. Elle aura le même parcours que sa mère et, probablement, sera bientôt à la recherche de parents adoptifs...

« Je veux rester comme était mon père » — cette phrase est d'Irma, la seconde fille des Bormann. La jeune fille était endoctrinée selon l'idéologie nazie. Toutes les tentatives pour la gagner à la foi catholique échouèrent. Avec son père adoptif, monsieur Hellweger, qu'elle appelait « oncle », elle eut de la chance. Il lui paya le lycée et l'École normale. Mais elle non plus n'exerça pas son métier très longtemps. En 1957, elle épousa le menuisier Klotz et, aujourd'hui, elle habite au 47, Romerstrasse, à Merano, dans l'immeuble sur cour. Depuis son mariage, elle est brouillée avec ses parents adoptifs. « Nous en avons terminé avec elle, dit Madame Hellweger. Il ne faut plus qu'elle vienne nous voir. »

Friedrich Hartmut, que Paula Pallhuber emmena à Percha, dans la vallée de Puster, n'avait plus de souvenirs de ses parents. Il appelait ses parents adoptifs « père » et « mère » et se sentait bien à la ferme. « Hartmut était un garçon serviable et gentil », dit le paysan et marchand de bois Alois Pallhuber aujourd'hui, en parlant de son fils adoptif. Hartmut est maintenant apprenti dans un commerce à Essen.

En dehors de Joseph Volker, ils ont donc tous atteint l'âge adulte. Eva-Maria est vendeuse chez le marchand de meubles Berger, à Bozen, Heinrich est conducteur de bulldozer à Duisburg, Gerda est aide ménagère à Essen.

Les fils et les filles de Martin Bormann ont grandi comme des orphelins, chez des paysans, des marchands

1. Maladie cutanée hémorragique *(NdT)*.

de bois et une baronne, dans le sud du Tyrol. Ils ne savent rien de leur père. La plupart d'entre eux ne le connaissent qu'à travers des photos dans les journaux. Ils n'ont pas d'album de famille ni de souvenirs. Ils portent juste son nom.

Ils n'ont ni la confirmation qu'il est mort ni aucun indice indiquant qu'il est encore en vie. Cette année, il aurait eu soixante ans. Il aurait quatre fils et trois filles adultes et quelques petits-enfants. Mais, s'il resurgissait un jour du néant, il devrait, pour expier ses crimes, affronter la peine de mort. « S'il est jugé coupable, la peine sera appliquée, selon les ordres de la commission de contrôle pour l'Allemagne, sans nouveau procès, dès qu'il aura été trouvé... »

Le 26 juillet 1958, à l'église de l'université d'Innsbruck, Martin Bormann junior fut ordonné prêtre de la « communauté des missionnaires du Sacré-Cœur de Jésus » en même temps que vingt-cinq autres diacres. Pendant la Seconde Guerre mondiale, cinquante-huit missionnaires de cet ordre moururent dans des camps de concentration japonais. En Chine du Sud, sept missionnaires furent assassinés par les communistes.

Le jeune prêtre posa sa candidature pour partir à Coquilhatville, au Congo belge, une terre de mission particulièrement pauvre : quinze missionnaires pour 170 000 indigènes.

À gauche du canapé est accrochée, dans un cadre d'argent, la photo de Heinrich Himmler. Toute personne qui entre dans le petit appartement la voit immédiatement. Dans n'importe quel autre appartement allemand, on serait ahuri. Ici, on s'y attend.

Il faut dire que sur le bureau du prêtre Martin Bormann se trouve aussi la photo du Reichsleiter Martin Bormann. « Je suis son fils », répond-il, quand des journalistes lui posent des questions gênantes.

Et Gudrun Himmler, qui habite l'appartement de

Munich, est la fille du Reichsführer SS Heinrich Himmler.

Le fils aîné de Bormann et l'unique fille de Himmler ont presque le même âge. Enfants, ils jouaient ensemble. Lorsque le régime de leurs pères s'écroula, ils avaient tous les deux quinze ans. Ils avaient été élevés dans le même esprit. Ils avaient chanté les mêmes chansons...

Aujourd'hui, ils n'ont plus qu'une chose en commun : la photographie de leurs pères dans leur appartement. Le jeune Bormann qui, au mois de mai 1945, se battait encore, l'arme à la main, dans les montagnes de Lofer, changea au fil des ans. Il prit beaucoup de distance par rapport à son passé. Il devint chrétien, prêtre et missionnaire. Aujourd'hui, il prie pour son père.

Gudrun Himmler, elle, veut se battre pour son père. « Je considère que je dois consacrer ma vie à le montrer au monde sous un autre jour. Mon père est décrié aujourd'hui comme le plus grand assassin de tous les temps. Je voudrais essayer de réviser cette image. Ou, du moins, expliquer clairement ce qu'il a fait et pourquoi il a agi ainsi... »

Un prêtre met en garde contre les dangers de l'avenir

Je vais chez Martin Bormann. Il semble être un homme gentil, en tout cas très aimable. Avant que notre rendez-vous soit fixé, nous avons échangé quelques lettres. Dans son dernier fax, il racontait qu'il était rentré quelques jours auparavant d'un énième voyage en Israël, où il avait assisté à une rencontre avec des enfants de survivants de l'Holocauste et des enfants de criminels nazis, une rencontre dirigée par le psychologue israélien Dan Bar-On. Cette fois-ci, écrivait Bormann, il y avait aussi des invités originaires d'autres pays, d'Afrique du Sud, d'Irlande du Nord et des territoires palestiniens. Un jour, ils ont visité un camp de réfugiés à Bethléem. Dans ce camp vivent environ dix mille personnes qui, pour 85 pour cent d'entre eux, n'ont pas de travail, écrivait Martin Bormann. « Qu'est-ce qui va se passer, pour ces gens, dans l'avenir ? »

Depuis des semaines et des mois, les livres traitant du national-socialisme s'empilent dans mon appartement. Sur ma table de chevet sont posés *Der Vater. Eine Abrechnung* (« Le père. Un règlement de comptes ») de Niklas Frank, reliure noire, caractères rouges gothiques, et *Geweint wird, wenn der Kopf ab ist — Annäherung an meinen Vater, Panzermeyer, Generalmajor der Waffen-SS* (« On pleure quand la tête est coupée — Approche de mon père, fantassin, général major de la Waffen-SS »), un livre dans lequel un fils, âgé de cinquante ans, réalise progressivement comment sa vie a été marquée par son père. Dans le séjour se trouve *Der Nürnberger Prozess* (« Le procès de Nuremberg »), de Joe Heydecker et Johannes Leeb, ainsi que *Der Preis der Herrlichkeit* (« Le prix de la magnificence »), de Henriette von Schirach. Au cabinet de toilette, les nombreux derniers mots de Hans Frank, le père, publiés sous le titre *Im Angesicht des Galgens* (« Face à la potence »), ont leur place depuis des semaines. Dans la cuisine se trouve la biographie de Rudolf Hess par son fils, qui porte le joli titre *Ich bereue nichts* (« Je ne regrette rien »). Dans ma librairie berlinoise, ils me connaissent, déjà. Avec chaque livre nazi, mon inquiétude grandit : que va penser la gentille femme à la caisse sur les raisons qui me font acheter tout cela ? Le jour où je commande la biographie de Göring, établie avec ferveur par David Irving, un chercheur britannique extrêmement contesté qui travaille sur le national-socialisme, je finis par dire quelque chose comme : « Naturellement, j'ai besoin de tout cela pour mon métier, ce n'est pas pour le plaisir... » Naturellement, dit-elle en souriant fraîchement.

Cela me donne une sensation étrange de lire et d'écrire toute la journée sur le national-socialisme. Je retiens la musique que j'écoute en lisant tel ou tel livre. En lisant *Mein Kampf* de Hitler, c'était du jazz, Dexter Gordon. La plupart du temps, c'était du jazz. Quand j'ai lu, dans la biographie d'Albert Speer par Gitta Sereny, les opinions d'un monsieur du nom de Theodor Hupfauer, c'était Herbie Hancock. Hupfauer fut un proche collaborateur de Speer, et il atteignit un âge très avancé ; lorsqu'il donna cette interview à Gitta Sereny, au début des années 90, il avait plus de quatre-vingts ans. Il commença par dire, pour qu'elle sache tout de suite à quoi s'en tenir, qu'il n'avait pas bougé d'un centimètre par rapport à ses convictions de l'époque. Il se dit toujours nazi ; d'ailleurs, ces derniers temps, il est d'excellente humeur, il trouve que pas mal de choses de cette époque-là sont en train de revenir. Elle lui demande s'il veut parler du mouvement des skinheads. Mais non, répond Hupfauer. Il veut parler du culte de la jeunesse ; des êtres jeunes et beaux, avec une attitude positive, qui veulent de nouveau être homme et femme, voilà ce qui lui plaît. C'est la force de la jeunesse qui détermine tout : « Nous n'aurions pas pu le dire mieux. » Par ailleurs, il aimerait bien qu'on lui explique la différence « entre notre politique d'euthanasie » et la situation actuelle où l'on peut avorter lorsqu'on constate, pendant la grossesse, que l'enfant est handicapé, « je ne vois pas bien la différence ».

Probablement, le jazz est la musique qui me permet le mieux de garder la distance par rapport à de telles phrases et, par moments, je rêve de cette distance. Car plus je plonge dans ce sujet, cinquante-cinq ans après l'écroulement du Troisième Reich, plus je me rends compte qu'il ne s'agit pas de se demander si l'on a rappelé certaines choses à la mémoire des Allemands trop longtemps et s'il ne faut pas un jour tirer un trait. Il s'agit du fait que le national-socialisme a répondu d'une certaine façon à certaines questions. Les réponses s'appelaient antisémitisme, racisme, culte de la jeunesse, culte du corps, sens de la vie, élévation de l'homme modeste, hostilité envers les intellectuels, lassitude face à la politique. Les nazis ont formulé ces réponses de la façon la plus extrême. Cela n'arrivera plus de cette manière-là. Mais les réponses, elles, continuent à garder leur actualité. S'il est vrai que le communisme ne perdra jamais son actualité, face aux différences entre les pauvres et les riches, alors la même chose vaut pour le fascisme.

L'autre jour, j'ai été voir au cinéma *Fight Club*, une production hollywoodienne avec Edward Norton et Brad Pitt. Un film qui a beaucoup de succès et, d'ailleurs, c'est sans doute un bon film, en tout cas un film bien fait. Peut-être lis-je trop, en ce moment, mais l'histoire de ce film, à condition de changer très légèrement les données de base, pourrait se situer au début du mouvement nazi. Un jeune homme désespère de sa vie qu'il trouve creuse, vide de sens, et de la société, vide de sens également. Avec un pseudo-ami, il fonde le « Fight Club » où des hommes jeunes et, pour la plupart, beaux, se rencontrent pour se castagner : ils se battent pour enfin se sentir vivre de nouveau. Partout dans le pays, on commence à fonder ces clubs secrets, une unité de combat comme la SS ou la SA. Puis, tous ensemble, ils s'attaquent à l'État, terroristes combattant pour un sens nouveau. Je décide de demander à Klaus von Schirach, le fils du chef des Jeunesses hitlériennes, ce qu'il pense de ce film, si quelque chose là-dedans lui rappelle l'époque, son père. Mais j'y reviendrai plus tard.

Le train de Dortmund part à 8 heures du matin. C'est un Intercity Express qui porte le nom de « Comte Stauffenberg ». Pendant le voyage, je pense à ce qui devait préoccuper mon père au moment où il écrivait ses textes. Au moment de rencontrer le jeune Martin Bormann. C'était la fin des années 50 : on était en pleine période de refoulement, tout le monde regardait vers l'avenir, comme on disait, personne ne jetait encore un coup d'œil en arrière. On avait pris ses distances. L'historien renommé Norbert Frei, qui travaille à Bochum, a présenté récemment une étude volumineuse sur la manière dont le passé a été appréhendé et surmonté, avec un résultat surprenant, même pour un chercheur expérimenté comme Frei : il est très frappant de voir à quel point, dans tous les domaines de la société, on a d'une part refusé de voir le passé et, d'autre part, il y a eu un accord tacite pour réintégrer la plupart des acteurs nazis.

Mon père a lui aussi gardé ses distances, dans les histoires qu'il racontait. Il n'a pas laissé les années sombres s'approcher trop. Dans un style d'une sensibilité distante, il décrit les enfants des nazis comme des figures placées entre les époques, lâchées sans défense sur la montagne sanglante de l'histoire allemande.

Martin Bormann m'attendait à la gare de Dortmund, comme convenu. Des cheveux blancs épais, un teint bronzé. Âgé de près de soixante-dix ans, il a l'air en pleine forme ; avec son pantalon de velours marron et sa chemise à carreaux, on dirait le prototype du paysan de montagne tyrolien. Il explique qu'il a parfois des problèmes de peau, des allergies. Les séances régulières de rayons UV sont un bon remède, dit-il. Nous allons à sa voiture. La petite ville où il vit depuis de nombreuses années se trouve à une quarantaine de kilomètres.

Sur le pare-brise est collé un papier doré de l'Association pour une conduite sûre. On voyant cet imposant macaron doré, on devine qu'il cache une histoire douloureuse. Et, en effet : Martin Bormann a été grièvement blessé dans un accident de voiture auquel il a eu beaucoup de chances de survivre.

L'accident eut lieu le 25 avril 1971. De longues années s'étaient écoulées, déjà, depuis la fin de la guerre. Martin Bormann avait passé plusieurs années en Afrique, il avait été missionnaire au Congo pendant la sanglante guerre civile qui ravagea le pays. Pour des raisons de santé, il était rentré à la fin des années 60. Il travaillait alors en Allemagne comme une sorte de conférencier spécialiste de Dieu.

Bormann conduisait une Opel Rekord Caravan blanche flambant neuve, du côté du Vilseck, dans le Haut-Palatinat bavarois. Un gros orage venait d'éclater, la pluie tombait tellement drue qu'elle aveuglait complètement les conducteurs, à un carrefour. Le choc fut presque frontal entre un camion militaire américain et l'Opel blanche. Dix jours après l'accident, Bormann se réveilla dans un service de réanimation.

Quand il alla mieux, on lui raconta qu'il devait sa vie à un mécanicien qui par hasard avait vu l'accident depuis son garage et qui, à l'aide d'une pince-monseigneur, avait ouvert la carcasse totalement détruite de la voiture de façon à pouvoir sortir le blessé. Et — ah oui —, cet homme lui faisait dire qu'il connaissait Martin Bormann fils, qu'il l'avait connu à l'époque où il avait onze ans...

Et, en effet : son sauveteur avait été longtemps le chauffeur du Reichsführer SS Heinrich Himmler ; dans cette fonction, il avait plus d'une fois conduit Martin et deux de ses sœurs dans la maison de Himmler sur le Tegernsee. La raison de ces visites était sans doute que leurs mères s'invitaient pour le thé. Le vieux chauffeur de Himmler comme sauveteur — dans son autobiographie, Martin Bormann parle de « l'intervention des fils du destin » et d'un « cadeau de la Providence divine ». Quoi qu'il en soit, il est sûr qu'on peut y voir la main du destin. Mais on aurait pu dire aussi : le passé a resurgi, cette fois de façon très surprenante.

Le nom de Heinrich Himmler et la maison de celui-ci évoque à Martin Bormann un souvenir particulier, et particulièrement horrible. C'était peut-être un an avant la fin de la guerre ; une fois de plus, il était allé chez les Himmler avec sa mère et sa sœur. Tout à coup, Hedwig Potthast, la secrétaire et maîtresse de Himmler, annonça solennellement qu'elle allait leur présenter quelque chose de très intéressant, une collection très spéciale de son patron. Elle les conduisit aux combles et ouvrit une porte. Dans la pièce se trouvaient des tables et des chaises faites avec des morceaux de corps humain. L'assise d'une des chaises était un os du bassin travaillé, une autre chaise avaient des pieds fabriqués avec des os de jambes humaines, y compris les os du pied. Puis madame Potthast leur montra une édition de *Mein Kampf* dont la reliure était faite avec la peau d'un dos humain. Bormann se souvient encore aujourd'hui de ses explications données sur un ton neutre de médecin. Lui et ses sœurs avaient été extrêmement choqués et comme pétrifiés ; dehors, leur mère, elle aussi bouleversée, avait essayé de les consoler en leur racontant que Himmler avait voulu offrir à leur père, Bormann senior, une telle édition de *Mein Kampf*, et que celui-ci avait refusé, horrifié. C'était vraiment trop, pour lui, dit la mère. On aimerait ajouter : même pour lui.

Nous sommes installés dans un restaurant tranquille quelque part en Westphalie. Il aime bien venir ici pour ses interviews, « ils me connaissent maintenant, ici, ah, voilà Monsieur Bormann ». Il ne travaille vraiment sur la vie et l'action de son père que depuis qu'il est à la retraite ; avant, il fuyait les médias, « je ne voulais pas qu'on parle de mon nom ». Aujourd'hui, il lit tout ce qu'il peut trouver sur le Troisième Reich. Il dit qu'il est le seul, dans la famille, à vouloir connaître la vérité sur leur père. Ils sont encore six frères et sœurs ; les jumeaux et une sœur sont morts. « Quand nous sommes ensemble, nous ne parlons jamais du passé, dit Martin. Ils sont au courant pour mon livre, ils savent ce que je fais. S'ils me posaient des questions, je répondrais, mais ils ne posent aucune question. Peut-être est-il encore trop tôt. Peut-être les petits-enfants y viendront, un jour. »

Martin Bormann est né dans une position inconfortable, sa chute était programmée pour ainsi dire à la naissance. Et ce qu'il y a d'intéressant chez lui, c'est qu'il a saisi ce qui a été peut-être sa seule chance de ne pas tomber : il est devenu chrétien, il a saisi la main de Dieu. Bien sûr, il voit les choses différemment. Pour lui, c'est la main de Dieu qui l'a saisi. Quand il était tout au fond, il a été sauvé. Comme Jésus qui fait se lever le paralytique. Bormann en parle ainsi.

Sa vie n'est pas simple pour autant. On le voit à ses mains qu'il serre un peu trop, souvent, dans la conversation, comme si elles devaient tenir quelque chose qui risquerait autrement d'éclater en morceaux.

Ce maudit passé. Son parrain s'appelait Adolf Hitler. Évidemment, il se souvient de lui. Martin était l'aîné, ses parents l'appelaient affectueusement « Kronzi », une abréviation pour « Kronprinz », prince héritier. Au Obersalzberg, il jouait souvent les messagers entre le « Führer » et son père. Martin Bormann junior dit que, chaque fois que Hitler entrait dans une pièce, il répandait immédiatement un grand froid, comme si tout gelait. Une fois, il prononça mal le salut hitlérien, il dit « Heil Führer » au lieu de « Heil Hitler », peut-être, et son père lui flanqua une gifle terrible.

« Vous savez, dit Bormann plusieurs fois dans notre conversation, on ne peut pas échapper à ses parents, quels qu'ils soient. » En 1948 ou 1949, il tomba sur un article de journal qui disait que le secrétaire de Hitler vivait à Moscou parce que, en vérité, il avait toujours été l'homme de Staline au quartier général du Führer. Ce n'étaient que des bêtises, mais la première chose qu'il pensa en lisant l'article était : si c'est vrai, alors mon père, le grand ennemi de l'Église, sait aussi que je suis devenu chrétien et où je vis ; si c'est vrai, alors je suis son ennemi, maintenant. Autrement dit : il avait peur.

Un jour, en Afrique, il avait été, en tant que missionnaire, victime d'une prise d'otages extrêmement dangereuse, et il fut libéré in extremis par des parachutistes belges. En arrivant à l'aéroport de Léopoldville, des journalistes l'attendaient. Mais Martin Bormann, aussi épuisé qu'heureux de s'en être sorti, ne fut nullement interrogé sur ce qu'il avait vécu ou sur son état. On lui demanda au contraire ce qu'il pensait du fait que des procureurs francfortois avaient promis une récompense de cent mille marks pour des informations permettant de retrouver son père. Il ne dit rien.

Martin Bormann quitta son ordre au début des années 70. Il se maria et travailla comme professeur de religion [1]. En principe, d'après la proposition du diocèse responsable de la région de Mühldorf, en Bavière, il aurait dû obtenir un poste au lycée professionnel local. Mais une commission chargée d'examiner les candidatures s'y opposa sans donner de raison. Derrière les coulisses, il

1. En Allemagne, il existe un enseignement religieux à l'école publique *(NdT)*.

n'était pas très difficile de connaître la motivation de ce refus : le nom de Bormann continue à évoquer de mauvais souvenirs, notamment en Bavière, lui dit-on. Non pas tant à cause des crimes du national-socialisme — si, si, bien sûr, à cause de ça aussi —, mais surtout parce que Bormann père avait exproprié sans ménagement nombre de fermiers à Berchtesgaden. Finalement, le *Spiegel* s'éleva contre le fait qu'on punisse le fils pour les fautes du père, et Martin Bormann fils finit par obtenir un poste en 1973 — en Westphalie.

Martin Bormann junior s'est créé une construction mentale qui lui permet de vivre. Il y a d'un côté son père à qui il doit la vie, et, ce père-là, il continue à l'aimer, dit-il. Quatrième commandement : Tu honoreras ton père et ta mère. De l'autre côté, il y a le père Martin Bormann qui a commis des crimes atroces et s'est rendu coupable de fautes graves. Il explique qu'envers ce père-là il est — pour le dire prudemment — très critique. Naturellement, cette construction est soutenue par la religion, il n'y a qu'elle qui soit assez forte pour cela. Bormann dit qu'il ne sied pas à l'homme de juger son semblable ; c'est uniquement l'affaire de Dieu.

Cette construction n'est-elle pas un peu schizophrène, tout de même ? Certains peuvent le voir ainsi, dit Martin Bormann, « mais, pour moi, ce n'est pas le cas, pour moi, c'est la seule possibilité ». En même temps, il n'essaie nullement de diminuer la faute de son père. Il ne se raconte pas d'histoires. Son père fut condamné à mort, à Nuremberg, par contumace. S'il s'était défendu, comme Rudolf Hess ou Albert Speer, son père aurait-il eu une chance de s'en sortir avec une longue peine de prison ? « Non, répond le fils. Sa signature figurait trop souvent au bas de documents et d'ordres importants. Non, il faut constater aujourd'hui avec certitude : mon père était au courant de tout. »

De voir son père décrit dans presque tous les documents et tous les livres comme la pure incarnation du

Mal, comme un être sans caractère, brutal, intrigant, prêt à toutes les bassesses, quel effet cela fait-il ? Je pose la question au fils, et je suis surpris par sa réaction. Depuis le début, il paraissait trop solide, trop maître de lui. Maintenant, il est touché ; pendant un petit moment, on dirait qu'il va perdre sa contenance. Il joint les mains. Puis il tire son portefeuille de sa poche et en tire une vieille carte postale jaunie envoyée par son père en 1943. « Regardez », dit-il. Il a maintenant les larmes aux yeux. « Mon cœur, est-il écrit. J'espère que je pourrai te revoir bientôt. Ton papa. »

« Vous comprenez, dit Bormann, c'est l'image que j'ai de lui, en tant que fils, et je ne permets à personne de me la prendre. Je m'y opposerai. »

C'est un vieil homme qui est assis devant moi ; nous sommes à quelques mois de son soixante-dixième anniversaire. On ne peut pas lui reprocher d'avoir choisi la voie de la facilité. Il a affronté son existence, et ce plus intensément encore à mesure qu'il vieillissait. Retraité, il parcourt l'Allemagne, fait des conférences dans les écoles et ailleurs sur les dangers du national-socialisme. Dans certaines villes, dans l'est de l'Allemagne, il a besoin d'une protection policière pour cela. Il dit qu'il ne croit pas à la fin de cette horrible idéologie, « il faut être vigilant ».

Bormann raconte que, dans les rencontres entre enfants de coupables et enfants de victimes, il a vu s'effondrer des enfants de criminels nazis, souvent à cinquante ans passés, en affrontant leur héritage, en cessant de le refouler. Une scène lui est restée particulièrement en mémoire. Une femme montra un film vidéo qui avait été tourné le jour de la libération de son père qui, quelques années après la fin de la guerre, avait été condamné à une peine de plusieurs années de prison pour les crimes atroces qu'il avait commis en tant que médecin. C'est sa première journée dehors. On le voit rentrer chez lui, ouvrir la porte assez énergiquement et saluer sa famille : « Heil Hitler ! »

Le psychologue israélien Dan Bar-On, dont la famille avait fui Berlin et émigré en Palestine en 1933, entreprit un voyage en Allemagne à la fin des années 80 pour casser un tabou : pourquoi, au pays des bourreaux, la manière dont leurs enfants ont vécu ces crimes n'est-elle presque jamais discutée ? Avant de créer des groupes de discussion, il mena de longs entretiens avec quelques-uns de ces descendants ; certains de ces entretiens ont été publiés dans son livre, *Le Poids du silence.*

Dans son entretien avec le théologien et l'ecclésiastique Martin Bormann, il pose la question suivante :

« BAR-ON : À vous ou à un de vos amis, quelqu'un a-t-il jamais avoué des crimes commis pendant le processus d'anéantissement ?

« BORMANN : Non, je ne m'en souviens pas... Si, pourtant, il y a eu une telle situation, mais je ne suis pas sûr que cela corresponde à ce que vous cherchez. L'homme est venu me voir peu avant sa mort. Dans sa confession, il m'a dit que, pendant toutes ces années, il a été poursuivi par les yeux marron d'une petite fille de six ans. Soldat de la Wehrmacht, il avait été à Varsovie pendant le soulèvement du ghetto. Ils devaient évacuer les bunkers et, un matin, une petite fille de six ans est sortie d'un de ces bunkers en courant, en lui tendant les bras. Il se souvenait encore de son regard, à la fois effrayé et confiant. Puis son supérieur lui a ordonné de la tuer avec sa baïonnette, ce qu'il a fait. Il l'a tuée. Mais ce regard l'a poursuivi toute sa vie (la voix de Bormann se casse, et ses yeux se remplissent de larmes). Et il est venu me voir pour me confesser ce qu'il avait fait. Il n'en avait jamais parlé avec personne, auparavant. »

(Une longue pause.)

« BAR-ON (en pleurant) : Dites-moi, peut-être pouvez-vous m'aider à comprendre : pourquoi n'étaient-ce que ces yeux-là ? Pourquoi ne se souvenait-il pas des yeux de tous les autres qu'il a peut-être tués aussi ? Pourquoi était-il le seul à se confesser ? Que faisaient les autres avec les yeux des enfants et des femmes qui les regardaient, impuissants, avant d'être tués ? Pouvez-vous me dire comment il a pu garder pour lui ce souvenir pendant tout ce temps ?

« Bormann : Je ne sais pas, je n'ai pas de réponses, je ne peux que supposer qu'ils avaient tous un sentiment de culpabilité, à certains moments, dans une certaine mesure. Mais je n'ai vraiment pas de réponse à vos questions, quelques années après la fin de la guerre. »

Dan Bar-On, qui est aujourd'hui lié à Martin Bormann par une sorte d'amitié, écrit à la fin de cet entretien : « En rejoignant ensemble l'arrêt de bus, nous sommes encore plongés dans nos sentiments et nos pensées... Je le regarde s'éloigner. Il semble porter un grand poids sur ses épaules, un grand fardeau pèse sur son cœur. Je sens son engagement profond et son sentiment de responsabilité pour tout ce qui s'est passé du temps de son père. »

Notre rendez-vous se termine. Nous avons passé quelques heures ensemble. Il me ramène à la gare de Dortmund. Je le regarde : les épaules légèrement abaissées, l'expression du visage maîtrisée, parfois comme pétrifiée. Ce que Dan Bar-On écrit est vrai : le fardeau est là, toujours. Martin Bormann l'emportera probablement dans la tombe.

Enfants de nazis. Bormann dit que son destin a été moins dur que celui de Wolf-Rüdiger Hess, par exemple. « Mon père était parti, pour toujours. Ainsi, j'ai pu mieux prendre mes distances. » Il raconte qu'un jour il a reçu un appel de Gudrun Himmler, la fille de Himmler. Elle était en colère et lui demanda, en hurlant dans l'écouteur, comment il avait pu faire cela, parler si mal de l'époque. Bormann essaya de lui expliquer que le père et les crimes du père étaient deux choses différentes. Elle ne l'a pas compris. « Je pense qu'elle n'est pas encore prête. »

Maintenant, c'est l'ancien curé qui parle. Martin Bormann junior dit qu'il aimerait bien rencontrer un jour Niklas Frank. Ce fils qui a choisi la voie de la haine. Comment s'en sort-il ; peut-il s'en sortir ? « Tant de haine, dit-il, puis : J'aimerais bien lui parler. Peut-être pourrais-je l'aider. »

Le manuscrit de 1959
Niklas et Norman Frank

« Je suis content que Spandau ait été épargné à mon père. Probablement, une telle peine de prison l'aurait détruit moralement et il serait aujourd'hui une épave. Aujourd'hui, nous avons surmonté sa mort depuis longtemps, et les cendres de mon père sont dispersées à tous les vents — ainsi, je le rencontre partout. »

Le jeune homme qui prononce devant nous ces phrases s'appelle Niklas Frank. Il a vingt et un an et, comme son père quand il était jeune, il fait des études de droit à Munich. Son père était l'ancien gouverneur général de Pologne, Hans Frank, l'accusé principal numéro sept devant le Tribunal militaire international à Nuremberg. Lorsqu'il fut pendu, le 16 octobre 1946, il laissa cinq enfants. Niklas était le plus jeune. Il était en CM 1, à l'époque.

« Je considère mon père comme coupable. Il a commis des crimes atroces, et il les a payés de sa vie. Il l'a compris lui-même, dans les derniers jours de sa vie, et il nous a laissé, à nous autres enfants, l'aveu de sa culpabilité en héritage, pour ainsi dire. »

C'est Norman Frank qui parle, le fils aîné de l'ancien gouverneur général de Pologne. Âgé de trente-deux ans aujourd'hui, il travaille comme assistant réalisateur dans le cinéma. En 1945, quand son père fut arrêté, il n'était plus un petit garçon depuis longtemps.

Dans un appartement du quartier de Schwabing, à Munich, je suis assis face aux deux frères. Ils ne se ressemblent pas, et ils ne ressemblent pas non plus à leur père. Niklas porte une barbe rousse d'étudiant qui le vieillit de quelques années. Leur mère est morte il y a un an et demi. Dans l'appartement, rien n'a été changé depuis. Les vieux meubles, les tableaux, les tapis — tout vient des parents. Et, dehors, sur la plaque en laiton fixée à la porte, il y a toujours le nom du père : Hans Frank. La plaque en laiton a survécu à tous les déménagements des dernières années.

Niklas Frank, dont toute la passion est vouée au théâtre, a hésité longtemps avant de commencer des études de droit. « Le destin de mon père a été en quelque sorte le déclencheur. Mais ne me comprenez pas mal. Je ne veux pas devenir juriste pour le réhabiliter. » Niklas réfléchit un instant. « Mais je voudrais me faire une image de lui. J'étudierai les dossiers du procès de Nuremberg, je lirai ses journaux, je rechercherai les documents polonais... Je voudrais peu à peu le connaître. »

Les fils Frank n'enfoncent pas la tête dans le sable. Affronter le passé ne leur fait pas peur. Au contraire, ils cherchent cet affrontement.

« Malheureusement, mon père aimait plus que tout le pouvoir, dit Norman Frank. Imaginez un peu, à mon âge, il était déjà ministre de la Justice en Bavière. Deux ans plus tard, ministre du Reich. Et plus tard on l'a appelé le roi de Pologne... »

Hans Frank comprit seulement qu'il avait emprunté une voie fatale lorsque le pouvoir s'effondra.

« La seule possibilité, c'est l'humble aveu d'une culpabilité dans la mort de quelques millions d'êtres innocents », écrivit-il au crayon dans un carnet d'écolier, dans sa cellule de prison. Il ne nia aucun de ses crimes. Il se convertit au catholicisme. Et, accompagné du prêtre franciscain irlandais Sixtus O'Connor, il parcourut les derniers pas qui le séparaient de la potence en priant à haute voix.

« Mon cher Norman », commença la lettre que le père O'Connor adressa au fils aîné de Frank, dans la nuit qui suivit les exécutions. « Laisse-moi en pensée vous serrer la main, à toi, à ta courageuse mère et à tes frères et sœurs, et vous présenter silencieusement mes condoléances devant le trépas de votre cher père. La veille de sa mort, j'ai été près de lui. Nous avons dit ensemble une petite prière : le Christ au mont des Oliviers. Ensuite, nous avons parlé un peu ensemble, puis ton père est allé se coucher. Peu avant minuit, il a été réveillé et informé de l'imminence de son exécution. Peu après 24 heures, je lui ai donné la sainte communion. Pendant les quinze dernières minutes de sa vie, je lui ai parlé, je lui ai donné la dernière bénédiction de l'Église et l'indulgence plénière. Il était tout à fait calme et résigné et il m'a chargé de vous saluer, ta mère, toi et tes frères et sœurs, et de vous dire qu'il acceptait la mort de son plein gré comme expiation et châtiment pour le passé. Ses dernières pensées vous étaient adressées. Mais il ne s'inquiétait pas pour vous. Il était persuadé que vous comprendriez tout et que, dans l'avenir, vous continueriez à maîtriser votre vie avec courage et confiance en Dieu.

« Avant que nous quittions la cellule, je lui ai dessiné une petite croix sur le front, la bouche et la poitrine — comme sa mère l'avait toujours béni quand, petit garçon, il allait à l'école. Sur le chemin vers le lieu de l'exécution, nous avons prié saint Joseph pour une mort douce. Arrivé sur le lieu, il fit la déclaration suivante : “Je suis reconnaissant du bon traitement dont j'ai bénéficié en détention et je prie le Bon Dieu pour qu'il m'accueille avec clémence.” Ensuite, je lui ai lu une courte prière et, à la fin, il a dit : “Mon Jésus, miséricorde.” Ce furent ses derniers mots. Deux heures après sa mort, j'ai dit les prières funéraires et j'ai lu une messe.

« Je suis sûr que ton père a accédé tout de suite au ciel

et qu'il a été jugé équitablement devant le tribunal divin. Maintenant, il a certainement trouvé la tranquillité et la paix et l'amour que ce monde ne peut donner. À toi, cher Norman, il reste la tâche de continuer à porter le nom de ton père dans ce monde et de défendre son honneur en toute circonstance... »

Cette lettre du curé irlandais se trouve aujourd'hui, un peu jaunie, dans l'album de famille. Le père O'Connor n'a plus jamais donné de nouvelles. Niklas Frank veut le retrouver. « Et même si je dois aller en Amérique, dit-il. Le père O'Connor est sûrement l'homme qui sait le plus de choses sur mon père. »

Avant la guerre, les Frank habitaient à Munich. En 1938, Norman entra au lycée Max où son père avait passé son baccalauréat avec mention, vingt ans auparavant. En 1940, la famille s'installa à Varsovie. Jusqu'en 1943, Norman y fréquenta l'école allemande. Puis il fut envoyé en Tchécoslovaquie. En 1944, Brigitte Frank retourna en Allemagne, avec ses cinq enfants. Ils habitaient au Schoberhof, un manoir sur le Schliersee que Frank avait acheté des années auparavant. Norman fut inscrit au lycée de Miesbach.

Comme l'adolescent de seize ans manquait souvent, lors des manifestations des Jeunesses hitlériennes, sa mère eut des problèmes avec le chef de son groupe. Les problèmes se multiplièrent lorsqu'on confisqua pour la troisième fois des disques de jazz interdits chez Norman. « Les défilés et ce genre de choses ne m'intéressaient pas, dit Norman Frank. Nous préférions écouter des disques à la cave. »

Le 22 janvier 1945, le gouverneur général de Pologne, Hans Frank, se replia dans sa villa du Schliersee et installa ses bureaux à Neuhaus-Josephstal. C'est là qu'il fut arrêté, le 1er mai, par une patrouille militaire américaine.

Une fine couche de neige mouillée couvrait les rues lorsque Norman parcourut à vélo le chemin de Schoberhof à Josephstal. Les premiers chars américains devaient arriver d'un instant à l'autre. Depuis des mois, Norman écoutait en cachette les radios de l'ennemi : « ... les criminels de guerre auront à rendre des comptes. » Il devinait que son père en faisait partie.

Un peu abasourdi, il entra dans le bureau de son père. La photo du Führer était toujours accrochée au mur. Les secrétaires téléphonaient. Des adjudants entraient et sortaient. Tout était comme d'habitude...

« Norman, dit Hans Frank, tu arrives à point, tu peux prendre le café avec nous. Une autre tasse, s'il vous plaît. »

La table était déjà mise. Il y avait même du gâteau. Du gâteau et du café, au quartier général du roi de Pologne, l'après-midi du 1er mai...

On discutait tranquillement, dans une ambiance chaleureuse. Frank, quelques collaborateurs, les secrétaires et... Norman.

« Je suis certainement le seul ministre à envisager son arrestation aussi gaiement, plaisanta-t-il.

— Est-ce que vous vous attendez vraiment à une arrestation ? demanda quelqu'un.

— Il faut s'y attendre. Mais je vais leur transmettre mes journaux de guerre. Chaque jour y est marqué. Je suis très content de posséder ces notes. Je n'ai rien à craindre. »

Hans Frank semblait calme, presque serein. Il ne montrait pas la moindre trace de nervosité. Cette nervosité qu'il avait exprimée de façon si nette, une fois, il y a quelques années. Lors d'un dîner de fête à Cracovie, entre le saumon et les pigeons farcis, il avait surpris ses invités en leur jetant avec une gaieté feinte : « Mon astrologue m'a dit aujourd'hui que mes étoiles étaient mal placées et que j'allais avoir une mort violente, horrible... »

« Les Américains sont à deux kilomètres de Schliersee », cria une jeune fille en passant la tête dans la porte.

La tablée se dispersa. Les derniers collaborateurs du

gouverneur général s'éclipsèrent discrètement. Norman demeura seul avec son père. Avec des jumelles, ils observèrent la route du lac, depuis la fenêtre.

« Les voilà », dit Norman, soudain excité. Le premier char, suivis de trois, quatre Jeeps et plus, sur lesquelles étaient montées des mitraillettes. Des soldats, des casques ronds en acier, des uniformes couleur kaki.

« Tu vas rentrer à la maison, maintenant, ordonna Hans Frank. Je pense que je serai bientôt de retour parmi vous. »

Les journaux de guerre que Frank transmit à un officier américain, cet après-midi-là, contenaient des documents à charge plus que suffisants, pour les accusateurs de Nuremberg. Ils contenaient entre autres les notations suivantes :

« J'ai reçu l'ordre de piller sans réserve les territoires de l'Est conquis, et de les transformer pour ainsi dire en un amas de décombres économiques, sociaux, culturels et politiques. »

le 19 janvier 1940.

« ... des recherches auraient permis de savoir que la plupart des Polonais ne consomment qu'environ 600 calories par jour, tandis que les besoins normaux d'un être humain s'élèvent à 2 200 calories. La population polonaise serait si affaiblie qu'elle constitue une proie facile pour le typhus... Par principe, nous ne voulons avoir pitié que du peuple allemand, et de personne d'autre sur terre. »

le 9 septembre 1941.

« ... il est impossible de mettre davantage d'aliments à la disposition de la population juive. »

le 15 octobre 1941.

« ... mentionnons en passant que nous condamnons 1,2 million de juifs à mourir de faim. »

le 24 août 1942.

« Ici, nous avons commencé avec 3 millions et demi de juifs dont subsistent seules quelques compagnies de travail, tout le reste a — disons — émigré. »

le 2 juin 1943.

« Je voudrais souligner ceci : il ne faut pas que nous soyons trop sensibles en entendant le chiffre de 17 000 fusillés... Il serait ridicule de nous disputer pour des questions de méthode. »

le 25 janvier 1943.

« Une fois que nous aurons gagné la guerre, on pourra transformer les Polonais et les Ukrainiens et tout ce qui traîne par là en viande hachée... »

le 12 janvier 1944.

« Je continue à ne pas comprendre, dit Norman Frank aujourd'hui, comment mon père a pu penser un instant que ses journaux de guerre le déchargeraient. Après tout, il était juriste... »

Mais, à l'époque, l'adolescent de dix-sept ans croyait son père. Je serai bientôt de retour parmi vous, avait-il dit. C'est ce jour-là que les enfants Frank et leur mère attendaient. D'abord, ils n'eurent aucune nouvelle de lui pendant cinq mois, en dehors de la rumeur selon laquelle il aurait commis une tentative de suicide dans sa cellule.

Le Schoberhof n'était pas un refuge sûr pour la famille Frank. Une nuit, des travailleurs forcés étrangers, que les Américains avaient libérés des camps, envahirent la maison.

Ils arrivèrent dans deux grands camions et entrèrent avec fracas dans les chambres à coucher. Les mains en l'air, Brigitte Frank et les enfants s'enfuirent dans la cour. Norman échangea avec sa mère et sa sœur aînée un regard muet. Il fallait craindre le pire.

Car les hommes qui se tenaient devant eux, mitraillettes à la main, étaient des Polonais.

« Sortez et mettez-vous contre le mur ! » cria une voix rauque.

Évidemment, on ne pouvait pas s'opposer à cet ordre. Brigitte Frank et ses cinq enfants se mirent face à la façade de la maison. Le chien tirait sur sa chaîne et aboyait furieusement. Sinon, la nuit était calme. Les hommes qui avaient pris le commandement au Schoberhof s'entretenaient à voix basse en polonais.

De quoi parlaient-ils ? Norman, qui avait appris quelques bribes de polonais, à Varsovie, essaya en vain de comprendre. La situation était plus que dangereuse. Les Polonais qui se tenaient dans leur dos, lourdement armés, avaient été déportés par son père en tant que travailleurs forcés. Peut-être leurs femmes ou leurs parents restés au pays n'étaient-ils plus en vie, tués par les Allemands...

Qui allait donc se formaliser s'ils tuaient la famille du gouverneur général tant haï ?

« Où est Frank ? » Un garçon trapu qui, en parlant, exhibait une dent en or, se mit à côté de Norman.

« Nous ne le savons pas, répondit-il.

— Vous le cachez ici !

— Non, les Américains l'ont arrêté.

— Nous le trouverons ! » menaça la dent en or. Apparemment, il était le seul à parler allemand.

Les Polonais commencèrent à mettre la maison sens dessus dessous. Ils fouillèrent toutes les armoires, tous les recoins. Du grenier jusqu'à la cave à vins. La cave à vins était bien remplie. Alors les Polonais goûtèrent aux bonnes bouteilles de vin de Moselle de Monsieur le gouverneur général. Ils ne pensaient plus à la famille Frank, là-haut, dans la cour. Brisant les goulots des bouteilles, ils se soûlèrent au vin.

Les Frank, toujours debout face au mur, entendaient qu'on chantait de joyeuses chansons à la cave. Alors l'homme à la dent en or qui les surveillait rattacha lui aussi sa mitraillette à la ceinture et s'éclipsa.

« Alors nous pouvions partir tranquillement, raconte Norman Frank. Mais nous n'osions plus revenir au Schoberhof car une telle attaque pouvait se répéter toutes les nuits. »

Brigitte Frank s'installa avec ses enfants au village voisin, à Neuhaus, sur le Schliersee, où elle loua deux chambres à la famille Hertlein. Elle avait le droit de prendre trois cents marks par mois sur un compte bloqué. Cela suffisait tant bien que mal pour vivre.

En août 1945, un journal militaire américain fit savoir que le criminel de guerre Hans Frank avait fait plusieurs tentatives de suicide. Seulement trois mois plus tôt, il avait dit à son fils aîné : « Je suis certainement le seul ministre à envisager son arrestation aussi gaiement... »

En octobre, la fille aînée des Frank, Sigrid, se maria et quitta la maison. Et de Mondorf, au Luxembourg, arriva une carte postale qui leur apprit, en caractère d'imprimerie, que Hans Frank se trouvait dans un camp là-bas.

Presque en même temps arrivèrent à Neuhaus ses premières lettres. Elles montraient à quel point l'ancien gouverneur général avait changé.

« ...la nuit, à travers laquelle je dois porter le poids atroce de ma croix, devient de plus en plus sombre. Mais Dieu me donne la force et la foi... »

« ...je vis dans une confiance en Dieu inébranlable, et je vous sais tous unis à moi dans la prière. Les épreuves que le destin nous inflige sont de sérieux avertissements qui correspondent à nos nombreuses fautes, mais le Tout-Puissant voit en profondeur et connaît toute la vérité. J'espère que vous êtes tous en bonne santé et j'imagine nos retrouvailles dans notre vieux Schoberhof comme le haut couronnement de tous mes espoirs... »

« ...le destin est grand, mais les êtres humains qui le portent sont plus grands encore. Ainsi, avec l'aide de Dieu, nous réussirons tout. Jour et nuit, je pense à vous, et je crois inébranlablement que nous nous reverrons... »

« Après ces lettres, il n'y avait plus de doute, dit Norman Frank. Notre père était devenu un catholique croyant, en prison.

— Cela a dû être une grande surprise pour vous, non ? demandons-nous.

— Oui, bien sûr. Avant, il n'était impressionné que par le pouvoir de l'Église. Il en a souvent parlé avec nous. Cette organisation internationale l'enthousiasmait. Le national-socialisme doit imiter cela, disait-il.

— Depuis quand êtes-vous catholique vous-même ?

— Depuis 1944. À notre retour de Varsovie, notre mère nous a tous fait baptiser. »

Norman se souvient encore des fêtes de Noël avec son père. « Lorsque les cloches sonnaient la messe de minuit, nous devions tous sortir sur la terrasse. Il saluait solennellement en levant la main droite... »

Tandis qu'à l'automne 1945 on préparait à Nuremberg le procès contre le criminel de guerre numéro sept, Hans Frank, le lycée de Miesbach refusa de reprendre comme élève le fils aîné de ce même criminel de guerre. Un professeur de lettres classiques à la retraite, Monsieur Beermann, donnait à Norman trois heures de cours par jour, essentiellement du grec. Les conséquences ne manquèrent pas de se faire sentir. Quand il s'inscrivit aux épreuves du baccalauréat, il réussit en grec, mais rendit une feuille blanche en mathématique.

Norman Frank échoua au baccalauréat.

Sa mère essaya de le faire entrer à l'école religieuse de Metten. Mais il n'y demeura pas longtemps non plus. Ses seuls mérites dans cette école concernaient la création d'un club de jazz. Son frère cadet Niklas fréquentait pendant ce temps la dernière classe de l'école primaire de Neuhaus. Michael avait été placé en internat.

Un jour de février 1946, Niklas ne rentra pas de l'école à l'heure ordinaire.

Madame Frank le chercha d'abord au village, puis à l'école. Les classes étaient vide, la salle des professeurs était déjà fermée à clé. Finalement, elle réussit à trouver le concierge qui était au courant : « Niklas est au cachot. Je ne dois le laisser sortir qu'à une heure.

— Pourquoi ? demanda Brigitte Frank.

— Il a dessiné une croix gammée au tableau », dit le concierge.

Madame Frank lui demanda d'ouvrir le cachot. « Niklas, est-ce que tu as dessiné une croix gammée au tableau ?

— Non, maman.

— Et pourquoi ne l'as-tu pas dit à la maîtresse ?

— Je le lui ai dit. Mais elle ne m'a pas cru. Elle a dit que la croix gammée m'allait bien. »

L'histoire fut vite oubliée. Le petit Michael causa bien plus de soucis à sa mère. En mars 1946, le directeur de l'internat envoya un télégramme à Neuhaus : « Michael disparu depuis hier soir. Est-il arrivé chez vous ? Réponse s.v.p. »

Le garçon de huit ans n'était pas arrivé chez lui. Et, le lendemain, il n'arriva pas non plus.

Madame Frank courut au poste de police. « Je ne peux pas vous donner beaucoup d'espoir », dit le commissaire en haussant les épaules. Il montra une grande pile de dossiers. « Ce sont des attaques à main armée non élucidées. Où voulez-vous que nous prenions le temps de chercher des petits enfants...

— Mais vous ne pourriez pas envoyer des télex ?

— Chaque télex doit être autorisé par la puissance d'occupation, répondit le policier. Le mieux serait une annonce radio. Mais, pour ça, il faut que vous ayez des relations. »

Brigitte Frank ne connaissait qu'une seule personne à la radio : Gaston Oulman. Tous les soirs, avec une ironie mordante, il commentait le procès de Nuremberg. Madame Frank lui avait parlé une seule fois. « Si vous avez besoin d'aide, avait-il curieusement dit à l'époque, adressez-vous à moi ».

Elle appela Gaston Oulman à la Maison de la radio

munichoise. Et dès les informations suivantes fut diffusé un message de recherche : « Garçon de huit ans disparu. Blond, parle bavarois, porte des culottes courtes grises et une chemise à carreaux rouge... »

De cette façon, Michael Frank fut retrouvé à Hambourg. Il voulait s'embarquer pour l'Amérique. Les policiers le mirent dans un train et le renvoyèrent à Neuhaus.

La famille était de nouveau réunie. De Nuremberg arrivaient beaucoup de lettres, maintenant. « ... ce matin à dix heures, nous avons eu une messe dans une petite pièce de notre bâtiment transformée en chapelle et décorée avec des moyens simples et de bon goût. La messe était dite par mon cher père Sixtus et, en dehors de moi, n'y participaient que Seyss-Inquart et Monsieur von Papen — ce dernier servant la messe... »

Hans Frank n'avait pas encore perdu l'espoir car, au début de l'année 1946, il écrivit : « Que cette année nous voie enfin tous réunis dans le bonheur ! »

« Nous autres, à la maison, nous n'entretenions plus beaucoup d'espoir, dit Norman Frank. Les comptes rendus du procès semblaient plus que sombres. Le jeudi saint, mon père avoua sa faute devant ses juges — quelle chance pouvait-il bien lui rester ? »

Quinze jours avant la prononciation du verdict, Brigitte Frank alla à Nuremberg, avec ses enfants. Il y avait une autorisation générale de visite pour les proches des accusés principaux. Les familles des dirigeants nazis connus étaient nourries par les Alliés. Une dernière fois, ils se trouvaient tous ensemble, autour de longues tables, dans une salle de classe transformée pour l'occasion.

Ce fut leur dernière apparition commune. Ils furent photographiés et interviewés — comme avant. D'une manière assez macabre, ils se trouvaient une dernière fois au centre de l'intérêt général.

Norman Frank garde des souvenirs précis de la rencontre avec son père. « La durée de la visite était limitée à quelques minutes. Les prisonniers étaient assis les uns à côté des autres, tous derrière des vitres et des toiles métalliques, flanqués des deux côtés par des policiers militaires. Il avait les mains liées. Au premier instant, mon père m'a paru un étranger. Il était devenu très mince. Il flottait dans son costume. Son visage semblait presque ascétique.

— A-t-il parlé du procès, avec vous ?

— Cela va mal se terminer, pour moi, a-t-il dit. Mais il paraissait très calme et résigné.

— Il n'avait donc plus d'espoir, à ce moment-là ?

— Non. »

Comme prévu, le juge, lord Geoffrey Lawrence, annonça à l'accusé Frank : « *Death by hanging.* »

« Je mourus dans la nuit du 15 au 16 octobre » — ainsi se termina sa dernière lettre à sa famille.

Un an plus tard, Norman Frank s'installa en Westphalie. Il habitait chez des parents dans un presbytère et travaillait comme tréfileur dans une usine. Le soir, il bûchait la physique et les maths. Au lycée Max, à Munich, où son père avait terminé sa scolarité brillamment, il fit une deuxième tentative pour passer le baccalauréat. Âgé maintenant de vingt et un an, il échoua de nouveau et abandonna ensuite.

En 1950, il émigra. Il s'embarqua sur le *Salta Liberty* et gagna Buenos Aires où il trouva un travail comme magasinier dans une usine d'outillage. Son patron était d'origine polonaise.

« Penses-tu comme ton père ? demanda-t-il à Norman. Ton père voulait faire de nous de la viande hachée.

— Non, répondit le jeune Frank. Je me situe à l'opposé. Je ne suis pas un nazi. Je suis désolé que justement mon père...

— Alors tout va bien », dit le Polonais.

« Je m'entendais très bien avec lui, assure Norman Frank. Je m'entendais moins bien avec tous les nazis qui voulaient me vénérer comme une sorte de sanctuaire, en

Argentine. Juste parce que, un jour, j'ai été assis sur les genoux de Monsieur Hitler. »

Au bout de neuf mois, Norman Frank partit pour l'intérieur du pays. Il travailla d'abord dans un élevage de poulets, puis dans une mine de plomb près de la frontière bolivienne. L'entrée des puits de mine se trouvaient dans un paysage lunaire, à environ 5 000 mètres d'altitude. Les saignements de nez et les maux de tête mirent longtemps à disparaître. Ensuite, il se plut tellement dans ce lieu qu'il y resta pendant trois ans. Toutefois, il demeura incognito car un médecin autrichien, dont on avait découvert qu'il était un ancien nazi, avait été licencié immédiatement et sans préavis.

Peu avant la révolution argentine, au cours de laquelle Perón fut renversé, Norman Frank rentra en Allemagne. Ses deux sœurs s'étaient mariées. Michael gagnait sa vie comme vendeur de voitures. Niklas venait de commencer ses études de droit.

Aujourd'hui, Norman parle au nom d'eux tous quand il dit : « Nous n'entreprenons rien pour récupérer des biens quelconques de mon père. Nous devons renoncer à toutes ces choses parce qu'elles sont chargées de culpabilité. »

Un homme veut détruire son père

Je connais Niklas Frank depuis longtemps. En tant que lecteur — il est depuis de nombreuses années journaliste au *Stern* —, je continue à le fréquenter. Les reportages de Niklas Frank ne passent pas inaperçus. On sent toujours une force et souvent une colère particulières dans ses textes. Et puis il y eut cette série du *Stern*, « Mon père, l'assassin nazi », et je me souviens très bien d'une soirée, à la maison, avec quelques invités, où l'on parlait de ce Niklas Frank, comme tout le monde, ces jours-là, en République fédérale. Niklas Frank était le sujet de conversation du jour. La question que l'on se posait, chez nous et ailleurs, était : a-t-on le droit de traiter son père comme il l'a fait ?

Niklas Frank se déchaînait dans cette série, faisait sauter toutes les limites journalistiques. Il décrivait comment, chaque 16 octobre, le jour où son père a été pendu, il se masturbait au-dessus de la photo du « daddy » mort. Il décrivait ses fantasmes de haine et de meurtre sans exemple vis-à-vis de Monsieur Frank senior. Un fils dissèque son procréateur jusque dans les recoins les plus reculés de son âme, et il lui délivre un certificat terrible : lâche, corrompu, avide de pouvoir, cruel, mou comme une chiffe. Bons côtés : absents. Et le fils se déchaîne par la même occasion contre lui-même. Il reconnaît en lui la lâcheté de son père, il sent le cœur de son père battre dans sa poitrine — et il s'autodéchire. La série de Niklas Frank, qui avait paru auparavant sous forme de livre, est une faute de goût. Seulement : comment pourrait-il en être autrement quand le sujet en est Hans Frank, responsable de rien de moins que de quelques millions de morts ?

Le public allemand était plus ou moins unanime, à l'époque, au milieu des années 80 : ce texte est dégoûtant, ce fils est une honte. Dans le *Stern* furent publiées des douzaines de lettres de lecteurs dont la teneur était : peu importe ce que le père a fait, un père reste toujours un père, doit être honoré et cætera. Les intellectuels de gauche ne savaient pas non plus comment réagir face à cet excès de sensibilité. Le petit Niklas a sans doute un problème, disait-on généralement, ce n'est pas la peine de discuter son cas, il vaut mieux qu'il aille voir un psychiatre. Il est sans doute significatif qu'une des rares réactions positives soit venue de l'Américain Robert M. W. Kempner, un des principaux accusateurs au procès des criminels de guerre de Nuremberg. Pendant des mois, il avait été assis face à Hans Frank, il avait vu cet homme des enfers en chair et en os. « La publication de Frank, écrivit Kempner, participe par son caractère unique à faire avancer les droits de l'homme. »

Klaus von Schirach, le fils du chef de la jeunesse du Reich Baldur von Schirach, fit une grimace, dans son cabinet de la Leopoldstrasse, à Munich, en entendant le nom de Niklas Frank. « Ce diable a sombré dans le péché pour toujours », dit Schirach. En Espagne, poursuit-il, on dit que celui qui maudit ses parents sera lui-même maudit à tout jamais. « Cette vision me plaît. »

Chez nous, l'ambiance n'était pas très différente, ce soir-là, que dans le reste de l'Allemagne. Alors qu'il y avait parmi les invités un mélange de personnes intéressant : la fille d'un haut officier SS ainsi que la fille d'un Juif allemand qui avait survécu à l'Holocauste. Toutes les deux étaient journalistes, et toutes les deux étaient d'accord sur ce point : non, monsieur Frank, se branler, enfant, en pensant à son père mort, et le raconter plus tard, comme adulte, cela va trop loin, ce ne sont pas des choses à faire, même dans ce cas extrême.

Je me sentais assez peu concerné, dans cette discussion, comme toujours quand le sujet était le national-socialisme. Je devais avoir quinze ou seize ans, à l'époque, et je crois aujourd'hui que j'ai dû paraître assez bête. Tout cela est si loin, pensais-je, oui, oui, c'est horrible, mais c'est tout de même fini depuis longtemps. J'étais quelqu'un qui n'a pas d'opinion, quelqu'un qui s'étonne simplement un peu que les adultes soient si excités, ce soir.

Je me souviens : mon père était le seul, à cette tablée, qui était d'un avis différent. Il ne faisait pas que montrer de la compréhension pour le jeune homme qu'il avait rencontré. Et qui avait commencé, à l'époque, un travail pour surmonter son passé. Pour l'affronter ? le violer ? le déchiqueter ? Il aimait bien les écrits de Niklas Frank, pas seulement du point de vue stylistique. Peut-être mon père savait-il parfaitement — du moins depuis ses recherches à la fin des années 50 —, que celui qui veut se rendre maître du passé a besoin d'être bien armé.

Par une froide journée de novembre 1999, j'ai raconté à Niklas Frank l'approbation de mon père. Nous nous trouvions dans un petit restaurant italien, non loin du port de Hambourg et de l'imposant bâtiment du *Stern* qui rappelle un peu un paquebot, probablement à cause de la proximité de l'eau. Je l'avais attendu au foyer, jusqu'à ce qu'il descende de son bureau : soixante ans, marié, une fille, de taille moyenne, plus beaucoup de cheveux, une barbe rousse coupée court. Maintenant il mangeait une assiette de *penne all'arrabiata* et une salade mixte ; moi aussi. Niklas Frank dit : « Dommage que votre père ne m'ait pas appelé, à l'époque. J'aurai vraiment eu besoin d'un peu de soutien. Les réactions étaient très violentes. » Par exemple, il se souvenait très bien d'un article paru dans *Die Zeit* où il figurait : Frank, le fils, le psychopathe. Pour se protéger, il a opéré une sorte de retraite intérieure, en s'entourant d'un mur. Il était comme gelé intérieurement, dit-il. « Une fois, un collègue m'a demandé dans l'ascenseur du *Stern* : "Alors, Niklas, comment ça va ces jours-ci ?" À ce moment-là, je n'ai même pas compris ce qu'il voulait dire. Tellement j'avais serré ma carapace. » Probablement, Niklas Frank regarde les gens si attentivement, en tant que journaliste, parce qu'il sait par expérience ce qu'un être humain peut faire de lui-même.

Quand je lui ai expliqué mon projet en quelques lignes, en automne 1999, il m'a rappelé tout de suite. Je me souviens très bien de sa voix joyeuse sur mon répondeur. « Ici Niklas Frank, beau projet, j'y participerai avec plaisir, quand vous voulez... » et cætera. Une voix douce et aimable avec un léger accent d'Allemagne du Sud. On ne peut pas le dire autrement : c'était la voix d'un homme équilibré, joyeux. Est-il possible que ce soit le même homme que le forcené qui a écrit ce livre furieux ? Ai-je à faire à quelqu'un qui s'est libéré de toute cette horreur par l'écriture, qui a brûlé une fois pour toutes le tas d'ordures puant qui s'élevait derrière sa maison ? C'était peut-être naïf, mais c'est ce que je pensais.

Dans le restaurant italien, Niklas Frank m'a raconté comment il avait écrit le livre, à l'époque : dans un état second qui a duré douze semaines, dit-il. Dehors, il faisait froid, c'était l'hiver. Dedans aussi : il travaillait chez lui, à Eimsbüttel, dans la chambre à coucher, en manteau et avec un bonnet sur la tête. La petite machine à écrire « Erika » sur laquelle il écrivait avait appartenu à sa mère.

Pourquoi devait-il faire si froid pendant la rédaction de ce livre ? Pourquoi n'avait-il pas allumé le chauffage ? Niklas ne répond pas à ma question. Il dit simplement que lui et sa femme ne chauffent jamais, dans la chambre à coucher. Et il dit que, tous les soirs, quand il avait fini d'écrire, il se répétait toujours la même phrase avant de s'endormir : « Porté de nouveau des coups durs contre le père, aujourd'hui. » En disant cela, il voulait parler aussi du côté purement mécanique, de la force avec laquelle il avait enfoncé les touches du vieux clavier.

Des coups durs. Contre l'homme qui aimait s'appeler « roi de Pologne ». Contre l'homme qui a rendu possible Auschwitz, qui est responsable de millions de morts. J'ai déjà écrit ces mots : l'assassin Hans Frank, le diable. Dès l'introduction, et une deuxième fois plus tard. Je me répète. Pourquoi réécris-je ces mots maintenant ? Est-ce pour bien me rendre compte moi-même de la dimension particulière de ce cas épouvantable ?

À la page huit, Niklas Frank assène : « Enfant, je me suis approprié ta mort. Surtout les nuits du 15 au 16 octobre étaient sacrées, pour moi. J'aimais ta mort. Je me couchais nu sur le linoléum puant du grand cabinet de toilette, les jambes écartées, la main gauche touchant mon sexe mou, et, en frottant légèrement, je commençais à te voir, je te voyais en train de faire les cent pas dans ta cellule, de presser les poings contre les yeux, de te répéter pour la centième fois des règles de soldat idiotes sur les façons de mourir dignement, je te voyais te rasseoir, dresser l'oreille — viennent-ils ? —, tu connais tous les bruits, cela fait suffisamment longtemps que tu es enfermé dans la pièce grillagée, ton pouls bat vite, tu te forces à regarder tes dernières lettres adressées à ta chère famille, à la maison, tu te rends compte peut-être à quel point elles sonnent creux et faux et bigot... »

Page 17 : « Après la guerre, mère aimait s'asseoir avec le registre des membres de ton Académie pour le Droit allemand sur les genoux, et elle prenait un malin plaisir à cocher des noms qu'elle avait trouvés dans d'imposants articles nécrologiques dans des quotidiens ou dans des annonces de nominations à des postes de juges suprêmes et à d'autres fonctions officielles importantes. Dans le registre de mère, ce genre de biographies patriotiques se lisait très différemment de la façon dont on le lit maintenant, à l'ère de la République fédérale, d'ailleurs elle connaissait certains de ces personnages personnellement : "Il faisait des courbettes à n'en plus finir, celui-là !" Imagine un peu, si tu avais survécu, toi, le prototype du criminel allemand de cette époque... qui, bien sûr, n'as jamais assassiné personne de tes propres mains, mais qui faisais en sorte que cela se passe avec précision. Naturellement, avec ton passé, tu aurais eu ta place dans la nouvelle Allemagne, après un petit peu de dénazification, ton passage des nazis aux chrétiens-démocrates se serait passé sans accrochage, comme sur un terrain huilé. »

Pages 21-22 : on peut lire : « Qu'est-ce qui me restait de toi, avant que je ne me mette à ta recherche ? Un tampon qui, lorsqu'on l'applique sur du papier, imprime les beaux termes significatifs : propriété du ministre du Reich Hans Frank... Je possède aussi ton livre de prières, le petit livre mince où tu m'as écrit un dernier mot, la veille de ton exclamation "Jésus miséricorde". Un dernier mot qui m'a agacé ne serait-ce que parce que tu y as écrit mon nom avec "ck". Ça ne se fait pas, pensai-je à l'époque, même pas à l'heure de mourir. »

Page 27 : « Comment ça commence, quelque chose comme toi ? Dans la poubelle de ta vie, je pêche ton journal... »

Page 45 : « Pourquoi est-ce que je te traîne dans la boue, verbalement ? Cela me donne le sentiment de me rebiffer. Alors je me sens très jeune... Tu es ancré tout au fond de mon cerveau mais, un jour, peut-être quand je serai un vieillard, je te tiendrai, je t'aurai surmonté, le bruit du craquement de ton cou se fera plus faible, dans ma tête. »

Page 77 : « Avec Roland Freisler, tu as publié pendant des années le *Deutsche Juristische Wochenschrift*, c'était un de mes premiers contacts avec toi, après une adolescence inconsciente, sans toi ; en cours de droit, à Munich, je lisais les préfaces dont tu avais le droit de faire précéder les gros volumes rouges. Plus je te lisais, plus ma peur grandissait que d'autres étudiants se rendent compte que je te lisais, que j'étais ton fils, tant je trouvais atroces tes phrases sur le nouveau droit puissant pour la race germanique, pour les Allemands, et contre le Droit romain libéral et enjuivé. »

Et, page 104, Niklas Frank écrivit : « J'avais le droit de venir, à la main de la bonne d'enfants H. Au fond de la Mercedes, je n'étais pas assis, mais debout, j'appuyais le nez contre la vitre, beaucoup d'uniformes noirs tout autour, lentement je parcourais les rues étroites, en passant devant des êtres décharnés, des enfants qui me fixaient avec de grands yeux, ce devait être un dimanche car je portais mon ravissant ensemble Pépita avec veste et pantalon. Mère, pourquoi ne rient-ils pas, pourquoi regardent-ils si méchamment, alors qu'on est dimanche, mère, et ils ont de si jolies étoiles au bras, mère, et les... hommes, là-bas, avec les fouets. Mais non, mon enfant, tu ne peux pas comprendre, on va faire des courses. Chauffeur, arrêtez-vous à l'angle, ici, ils ont de beaux corselets — sans parler des fourrures. Je restai dans la voiture et tirai la langue à un enfant. Alors il partit, et je demeurai vainqueur. Je ris, mais ma bonne d'enfants, la chère H., me tira de la fenêtre, elle ne disait rien, le chauffeur lui aussi attendait mère en silence. Une fois, j'avais le droit de descendre, pour me récompenser d'avoir attendu sagement. Une maison grillagée, un couloir plongé dans la pénombre, devant une porte solide, un bras me soulève, je suis censé regarder à travers une petite ouverture. “Il y a une méchante, méchante sorcière, là-dedans”, dit l'homme, je vois une femme assise contre le mur, elle ne regarde pas dans ma direction, elle regarde fixement par terre. Je me mets à pleurer. “Elle ne fait rien, bientôt elle sera morte”, me console l'homme.

« Oui. Tes ghettos, père, offraient du divertissement. Mais je trouvais plus gaie l'excursion dans un camp de baraquements avec beaucoup de fils de fer barbelés autour, une annexe d'un camp de concentration quelconque, comme je sais aujourd'hui ; à l'époque, ce n'était qu'un gentil oncle en uniforme qui avait un âne sauvage sur lequel de puissants bras allemands faisaient monter des hommes maigres — je riais d'une voix aiguë —, et l'âne gambadait, et les hommes tombaient, et ils ne pouvaient se relever que très lentement, et ils ne trouvaient pas cela aussi drôle que moi, on les remontait sans trêve, les hommes s'entraidaient, puis l'âne recevait une tape sur le flanc, c'était un après-midi merveilleux, et à l'intérieur on servait du chocolat chez le supérieur.

« Ces images de merde, je les porte avec moi, père... »

Dans le restaurant italien, à Hambourg, Niklas Frank a tout de suite demandé comment nous allions faire pour l'addition. Il ne voulait me permettre de l'inviter que si l'argent m'était remboursé, par l'éditeur par exemple. « Vous êtes jeune, vous pouvez encore faire quelque chose de votre argent, dit-il, moi, je suis un vieux croûton, tout est derrière moi. » Après vingt ans au *Stern*, il ne reste rien, ajoute-t-il, de l'argent, oui, « mais autrement ? Rien, rien du tout ». Il rit, sans rapport avec la situation. Comme une sirène qui annonce que le monde est une création des enfers. Il rit aussi en disant : « Vous savez, je me suis rendu compte tôt, dans ma vie, qu'il émanait de moi quelque chose de négatif. Il n'y a que peu de gens qui me trouvent vraiment sympathique. »

Niklas Frank raconte l'histoire de sa sœur Brigitte, morte à quarante-six ans. La famille part du fait que c'était un suicide. Elle avait toujours dit qu'elle ne voulait pas vivre plus vieille que son père, « c'était une obsession, chez elle ». Le père fut pendu à l'âge de quarante-six ans.

Il raconte l'histoire de son frère Michael. Il est mort à l'âge de cinquante-trois ans. « C'était un si joli garçon, quand il était jeune, dit Niklas Frank en riant. Un vrai Adonis. » Politiquement, il était à droite, très à droite, il ne voulait pas entendre parler de critique vis-à-vis du père. Au contraire : il s'engagea même au NPD. Puis il se mit à boire. Non, pas d'alcool — du lait. Plus de dix litres par jour. D'abord, son entourage s'aperçut seulement qu'il n'arrêtait pas de grossir. « Mon Dieu, comme il est devenu obèse ! dit Niklas Frank. À la fin, il pesait quelques quintaux. Le médecin l'avertit : "Vous ne vivrez pas très longtemps, à ce rythme-là, monsieur Frank." » Mais il continuait à laisser couler en lui ces fleuves de lait. Et il mourut parce que tous ses organes s'arrêtèrent de fonctionner.

Ces deux-là, le frère et la sœur, sont morts du père, dit Niklas Frank. C'est évident, « aucun de nous n'arrive à s'en débarrasser ».

Norman, le frère aîné, est encore en vie. « Nous ne sommes pas ensemble depuis deux minutes que nous commençons déjà à parler du père. » Il dit qu'il aime son frère. « Norman souffre encore plus que moi. » Il a connu le père plus longtemps, et il garde aussi quelques bons souvenirs de lui. « Je crois qu'il continue à l'aimer un petit peu. » Dans une interview avec le journaliste américain Gerald Posner, Norman Frank a dit à la fin des années 80 qu'il n'avait pas voulu d'enfants parce qu'il trouvait « que le nom de Frank devrait prendre congé de ce monde ».

Niklas Frank a beaucoup de force, c'est cela aussi qui intrigue, chez lui. En fin de compte, il a tout surmonté. Le fait que son enfance, ses années d'adolescence, après la guerre, aient été payées par les droits du livre de son père, *Im Angesicht des Galgens* (« Face à la potence »). Dans l'Allemagne de l'après-guerre, le livre est devenu secrètement un best-seller, il s'est vendu à plus de cinquante mille exemplaires. Il a surmonté le fait que sa mère n'arrêtait pas de recevoir de gentilles lettres aimables de personnages haut placés et moins haut placés, qui voulaient simplement lui faire savoir à quel point ils avaient admiré ce Hans Frank. C'était ainsi, vraiment : beaucoup d'Allemands ont envoyé ce genre de lettres aux Frank.

Et il a supporté aussi les lettres qu'on lui a adressées après la publication de sa série, des lettres haineuses, parce qu'on n'a pas le droit de traiter son père ainsi.

Au fait, dans quel pays vit-il, ce Niklas Frank ? Il a essayé d'affronter le passé d'une façon particulière. Il a pris un chemin direct, impitoyable, autodestructeur, basé sur le principe de la haine. Il est difficile à employer, ce mot-là, mais si le terme « honnête » convient à quelque chose, c'est à la méthode choisie par Niklas Frank. Il dit qu'il sent beaucoup de choses de son père en lui, surtout sa lâcheté. Il dit aussi qu'à force de regarder au fond d'un gouffre, on gagne une part de liberté : que peut-il arriver encore à quelqu'un comme cela ?

Nous passons brièvement dans son bureau au *Stern*. Je lui demande s'il peut me donner un autre exemplaire de son livre. « Parce qu'on ne peut plus l'acheter, il est épuisé depuis longtemps. » Ce qui est dommage, car c'est un grand livre, un livre important. Plus tard, on s'étonnera peut-être de la manière dont l'Allemagne des années 80 y a réagi.

Dans son petit bureau sont accrochées deux photos : l'une d'elles est la reproduction d'une lettre du curé munichois Rupert Mayer qui écrit que, dès qu'il sortira du camp de concentration, il continuera tout de suite à combattre les nazis. L'autre montre un gros nazi armé d'un bâton qui est en train d'obliger un petit garçon à écrire sur un mur « juif ». Niklas Frank dit qu'il ne se passe pas un jour « sans qu'[il] ne pense à [son] père ».

Il parle des nuits de l'anniversaire de la mort de son père. De son habitude de l'époque de se masturber en souvenir du père. L'idée qu'il y a des gens que cela choque le fait rire, dit-il. « Chez Henry Miller, tout le monde est enthousiaste mais, là, ils trouvent que ça dépasse les bornes. » Une collègue journaliste juive l'avait appelé une fois à ce sujet, et lui avait dit qu'elle croyait qu'en se masturbant, la nuit où son père est mort, il avait opposé à la mort du père son envie de vivre, quand il était enfant. « Cela m'a convaincu tout de suite. »

Niklas Frank dit qu'il continue à rêver souvent des monceaux de cadavres dans les camps de concentration. Il dit que ce pays ne se débarrassera jamais de cette histoire, jamais. Cela a été trop horrible, « cette histoire-là n'est pas encore terminée ».

Finalement, je prends congé. Nous avons passé environ trois heures ensemble. J'éprouve le besoin de marcher. Le long du port. Je pense à la fin du livre de Niklas Frank, lorsqu'il voit dans une sorte d'orgie sanguinaire le bras de Dieu s'enfoncer dans son père et le retourner comme un gant. Le livre se termine ainsi : « ... et ton cœur me frappe au visage, et j'ouvre la bouche, et je mords dedans, dans ton cœur, et je t'entends crier longtemps — je mords jusqu'à ce que ta pompe s'affaisse et que tu t'écroules au box des accusés, un horrible lambeau de chair, tandis que moi, un zombie qui restera sans doute éternellement enfant, je pars en courant, je pars toujours en courant. »

Je longe le port et je ressens un sentiment oppressant qui me fait peur. Une trop grande dose d'enfer.

Le manuscrit de 1959
Gudrun Himmler

« Vous vous imaginez ça comment ?

— Je sais que c'est une tâche difficile, dit Gudrun Himmler.

— Ne croyez-vous pas que c'est impossible ?

— Non. »

Gudrun Himmler a aujourd'hui trente ans. Vue de l'extérieur, une jeune femme comme des milliers d'autres. Elle travaille comme secrétaire, habite dans un petit appartement, va au théâtre, dans des soirées et au carnaval. Mais, en même temps, elle est la seule personne au monde à vouloir tenter de réhabiliter Heinrich Himmler.

« Quand avez-vous vu votre père pour la dernière fois ?

— En novembre 1944, il est venu une dernière fois à Gmund pour deux jours. Après, nous nous sommes seulement parlés au téléphone.

— Jusqu'à la fin ?

— Oui, à peu près, dit Gudrun Himmler. Mais, bien sûr, nous n'avons pas parlé de la situation politique. Au fond, il était plutôt question de mes problèmes. »

La jeune fille de quatorze ans était tendrement attachée à son père. Elle découpait toutes les photos de lui dans le journal et les collait dans un grand album. Elle brodait, bricolait, faisait des petits travaux de menuiserie pour lui.

« C'était la perspective de la petite fille, dis-je. Aujourd'hui, vous êtes adulte et vous ne pouvez pas vous contenter de ces souvenirs. Si vous voulez le défendre, vous devez analyser sa position, ses opinions, ses ordres.

— Je le sais, répond Gudrun Himmler. Les documents se trouvent en Amérique, et je n'ai pas encore assez d'argent pour y aller. Mais j'y arriverai...

— Et vous vous attendez à ce que l'accès à ces documents, qui datent de l'époque où il était Reichsführer SS et chef de la police, vous permette des découvertes ?

— Oui. Émotionnellement, je dis oui. Malheureusement, seule une partie minime des documents administratifs allemands m'est accessible. Et les collaborateurs les plus proches de mon père sont soit morts, soit, pour des raisons que je comprends personnellement très bien, ils ne veulent pas qu'on leur rappelle cette époque. »

Dans dix ou vingt ans, elle croit pouvoir écrire un livre qui portera le titre « Heinrich Himmler ». D'après ses calculs, c'est le temps qu'elle mettra pour amasser les documents à décharge. Elle veut consacrer aussi un chapitre au suicide de son père. Car Gudrun Himmler le met en doute.

« Je ne crois pas qu'il ait avalé la capsule avec le poison, dit-elle. D'ailleurs, ma mère et moi n'avons jamais reçu un avis de décès officiel. Ce n'est qu'en 1947 que sa mort a été pour ainsi dire enregistrée par le tribunal de première instance de Lunebourg... »

Le cadavre de Heinrich Himmler fut incinéré dans les landes de Lunebourg, et ses cendres furent dispersées. Mais, auparavant, il fut photographié. Et ces photos furent publiées.

« Or, sur ces documents, constate sa fille aujourd'hui, il a plutôt l'air de quelqu'un qui s'apprête à passer des troupes en revue. Il tenait toujours ses mains d'une certaine façon, à ces occasions-là. Je ne crois pas qu'il aurait pris cette position au moment où il a prétendument mordu dans la capsule qui contenait le poison. Je crois que la photo le montre réellement en train de passer des troupes en revue. Pour moi, c'est une photo datant de son vivant qui a été retouchée.

— Quelles sont vos suppositions ?

— Je ne suppose rien. Je veux juste faire des recherches. On n'a jamais eu de nouvelles des soldats anglais qui sont censés avoir assisté au suicide de mon père. Ce qui est sûr, c'est qu'il a été vu pour la dernière fois par des SS au camp de Colkhagen, où étaient regroupés des prisonniers de guerre, quand une Jeep est venue le chercher, à six heures du matin. »

Quels que soient les événements qui se sont déroulés dans les landes de Lunebourg, Gudrun Himmler ne doute pas d'une chose : son père est mort.

S'il avait vécu, il aurait lui aussi été condamné à la potence, à Nuremberg. Et, à une époque où l'on maudissait le nom de cet homme comme aucun autre, en Allemagne, la jeune fille tenait avec acharnement à continuer à porter son nom. Pour Gudrun, cet homme restait son père. Pour lui, elle est allée dans des camps et des prisons. Elle a choisi une voie très inconfortable...

Obstinément, elle a défendu son père. Elle ne pleurait pas, mais entama une grève de la faim. Elle maigrit, tomba malade, s'arrêta dans son développement. Elle ne pouvait pas prier et ne riait plus.

Un officier britannique lança, effrayé : « Mon Dieu, qu'est-ce que je vais faire de cette enfant ! »

À la fin du printemps 1945, le général allemand Wolff fêta son anniversaire dans sa somptueuse villa de Bolzano.

Dans le parc, où fleurissaient les roses, des enfants jouaient et des soldats allemands campaient.

Dans le hall, des officiers allemands, un verre de champagne à la main, s'inclinaient en direction du général. Un seul homme était exclu de la fête : un Hauptsturmführer[1] SS qui avait été enfermé dans le grenier.

Dans les déambulatoires de la villa étaient posés de magnifiques arrangements floraux. Le personnel servait des petits fours, et les gardiens saluaient comme au bon vieux temps. La grande table était déjà mise.

À midi, le général allait prier ses invités de passer à table.

Mais, soudain, de lourds chars américains écrasèrent les roses du parc. On venait troubler l'idylle. Des policiers militaires américains, en casques blancs et mitraillettes au poing pénétrèrent dans la maison et arrêtèrent tout le monde. Une seule personne fut libérée : le Hauptsturmführer enfermé dans le grenier. Il avait eu la grande chance d'être tombé en disgrâce au bon moment. Ainsi, lorsqu'on emmena le général Wolff et ses invités, il put assister tranquillement à leur départ.

En échange, le Hauptsturmführer donna à ses libérateurs un bon tuyau. Il savait où le Reichsführer SS avait installé sa femme et sa fille.

C'est ainsi que, l'après-midi du 13 mai, Gudrun Himmler vit une Jeep s'arrêter devant la maison Casa al Monte, au Wolkenstein. Elle était justement en train d'aller chercher à la cave une mallette contenant des objets de valeur. Elle n'eut pas le temps de la recacher.

D'ailleurs, cela n'avait plus d'importance.

« Vous venez avec moi, ordonna un sergent américain à Madame Marga Himmler.

— Et Gudrun ? demanda la femme du Reichsführer.

— Elle vient aussi. Tout le monde vient avec moi. »

Ne restait en arrière que le jeune policier de la brigade criminelle qui avait emménagé Casa al Monte pour s'occuper de la protection personnelle de la famille Himmler. Dans un premier temps, les Américains se désintéressèrent de lui.

1. Capitaine SS *(NdT)*.

« *Heil Hitler !* » salua-t-il dans la position réglementaire lorsque la Jeep repartit avec à son bord ses protégés célèbres.

Alors le sergent freina, sauta de la voiture et donna au jeune homme une bonne tape sur l'épaule : « C'est fini, maintenant, tout ça. Il faut te déshabituer, maintenant ! »

C'était vraiment fini. La mère et la fille Himmler furent enfermées dans une chambre de l'hôtel de la Poste, à Bolzano.

Auparavant, on leur prit leurs épingles à cheveux, leurs ciseaux et leur lime à ongles ainsi que tous les autres objets pointus.

« Pourquoi ? s'enquit Gudrun Himmler.

— Pour que vous ne puissiez pas vous suicider », répondit quelqu'un.

Le soir, deux soldats américains ouvrirent la porte et commencèrent à mettre la table. Nappe damassée, assiettes, plats, couverts, verres à vin...

« Asseyez-vous », commanda un GI.

Les Himmler se mirent à table. À ce moment-là surgirent deux cameramen. Ils allumèrent des projecteurs et filmèrent la scène.

« C'était seulement pour la presse », dit le GI en ricanant, puis il débarrassa la table.

Pour Marga et Gudrun Himmler, c'était une grande chance que les deux cameramen fussent les seuls à savoir qui étaient ces deux femmes logées de force à l'hôtel de la Poste.

Dans les rues de Bolzano, d'anciens partisans lançaient des tomates pourries sur des prisonniers de guerre allemands. On crachait sur les officiers, des fascistes italiens furent pendus. Qu'aurait-on fait de la famille Himmler ?

La même nuit, Marga et Gudrun Himmler furent emmenées à Vérone. Les routes étaient détruites, les forêts brûlaient. Au camp de transit de Vérone, elles ne restèrent que douze heures. Le camp suivant se trouvait à Florence.

Le jour, il faisait une chaleur insupportable dans les baraquements aux toits en tôle ondulée. Les latrines sentaient mauvais. « Si vous dites que vous vous appelez Himmler, on va vous déchiqueter », leur assura un gardien.

Puis la mère et la fille emménagèrent pour douze jours dans une maison avec terrasse sur le toit. Elles avaient même droit à une promenade tous les jours. La nourriture était meilleure. En revanche, on commença les interrogatoires...

Gudrun se retrouva en face d'un petit officier anglais. Il alluma une cigarette après l'autre.

« Fumes-tu ? demanda-t-il.

— Non.

— Quel âge as-tu ?

— Quinze ans.

— Es-tu mariée ?

— J'ai quinze ans, répéta Gudrun Himmler.

— Et alors ? » grogna l'Anglais, qui parlait étonnamment bien allemand. « Et combien d'enfants ?

— J'ai quinze ans, répondit Gudrun pour la troisième fois.

— Quand on s'appelle Himmler, tout est possible », dit l'officier.

Quand on s'appelle Himmler — à partir de maintenant, elle allait entendre cette phrase souvent. Plus tard, elle s'y habitua. Mais, lors de ce premier interrogatoire, ses lèvres tremblaient d'indignation. Elle pensa à la villa au bord du Tegernsee, à l'école à Reichersbeuern, à tout ce qu'elle avait laissé derrière elle.

« Où est mon père ? » demanda-t-elle.

L'Anglais se leva, derrière son bureau, et se pencha très en avant. Pendant un instant, on aurait pu croire qu'il allait frapper la jeune fille. Mais il se contenta de dire d'une voix tremblante : « Sais-tu combien de personnes ton père a brûlé à Dachau ? Ou combien il en a gazé à Oranienburg ? Bien sûr, tu le sais. Tu es quand même la fille de ce Monsieur Himmler. »

Gudrun se tut.

L'officier chargé de l'interrogatoire cracha hâtivement la fumée de sa cigarette et se tut également. Pendant quelque temps, il regarda par la fenêtre en tournant le dos à la jeune fille. Quand il se rassit à son bureau, il était calme.

« Es-tu jamais allée dans un camp de concentration ? demanda-t-il.

— Une fois, à Dachau, répondit-elle.

— Avec ton père ?

— Oui.

— Et qu'est-ce que tu y as vu ?

— Mon père m'a montré un jardin d'herbes, et il m'a expliqué les différentes herbes.

— Ah bon ! » L'Anglais tambourinait sur la table avec ses doigts jaunis par la nicotine. « Est-ce que tu veux me faire croire que tu n'as pas vu de prisonniers ?

— J'ai vu des prisonniers, dit Gudrun Himmler.

— Et qu'est-ce que ton père t'a expliqué à ce sujet ?

— Que ceux avec le triangle rouge étaient des prisonniers politiques et les autres des criminels. »

L'interrogatoire ne dura pas très longtemps. Gudrun Himmler fut ramenée près de sa mère.

Le voyage continua plus au sud. L'étape suivante fut Rome. Le camp se trouvait très en dehors de la ville — dans la ville du cinéma italien, la Cinecittà. En toute hâte, les Anglais avaient transformé les garde-robes et les réserves à accessoires en cellules avec des fenêtres grillagées. Ce n'était pas un camp ordinaire pour prisonniers de guerre, mais le centre d'information de l'Intelligence Service anglais.

Ici se trouvaient le chef de l'Abwehr, Helferich, le chef allemand du SD[1], chargé de la Suisse, Klaus Hügel, le

1. Sieherheitsdienst, services sercrets nazis *(NdT)*.

général Wolff, arrêté à Bolzano, le général von Wittinghoff, le prince italien Borghese et le maréchal Graziani, des soldats ordinaires et des condamnés à mort...

Le soleil tapait sur le camp de Cinecittà. Tous les jours, il brillait impitoyablement. Les minuscules cellules ressemblaient aux compartiments d'un four qu'on aurait mis ponctuellement à chauffer tous les matins. Les prisonniers rampaient sous les lits de camp pour trouver de l'ombre. L'eau qui sortait des robinets était chaude.

Deux fois par jour, on servait une purée de pois indigeste. Pour tout divertissement, il y avait deux fois par semaine la visite du messager du camp. « Le pape Pie XII s'est exprimé en termes très sévères sur le nazisme... » — « Yokohama, le deuxième port du Japon, a été pour ainsi dire anéanti en tant que centre de production par l'attaque aérienne de mardi dernier... » — « Le quartier général des Alliés a fait savoir que deux membres des Jeunesses hitlériennes ont été exécutés pour des faits d'espionnage... »

La femme et la fille de Heinrich Himmler étaient les seules femmes à Cinecittà.

Au bout de quatre semaines, environ, Gudrun Himmler commença une grève de la faim pour protester contre la purée de pois. Le premier jour, cela fit rire les gardiens. Le deuxième jour, ils lui jetèrent des regards inquiets. Le troisième jour, ils informèrent le commandant de l'Intelligence Service britannique Bridge.

Gudrun Himmler était trop faible pour pouvoir se lever de son lit de camp. Elle avait les mains chaudes, fiévreuses.

« Il n'y a pas d'autre alimentation, ici, essaya de lui faire comprendre le commandant Bridge. Si tu ne veux pas manger ça, tu vas mourir de faim. Nos soldats, qui se battent contre le Japon, n'ont rien d'autre à manger non plus. »

Gudrun Himmler continua à refuser toute nourriture.

Le soir du quatrième jour, le commandant Bridge se

précipita chez le voisin de cellule des Himmler, Eugen Dollmann, l'interprète de Hitler et de Mussolini.

« Vous connaissez Gudrun Himmler, n'est-ce pas ?

— Oui.

— Ne pourriez-vous pas faire jouer l'influence que vous avez sur elle et faire en sorte qu'elle remange ? Elle finira par mourir, autrement.

— Donnez-lui quelque chose de convenable, dit Dollmann, alors elle mangera.

— Je ne peux pas faire d'exception, expliqua le commandant.

— Voulez-vous laisser mourir une enfant dans de telles circonstances ? » demanda Dollmann.

D'un air morose, le commandant Bridge hocha la tête. « Qu'est-ce que je vais donc faire de cette enfant... ? »

Gudrun Himmler obtint gain de cause. Elle réussit à imposer pour elle et sa mère la nourriture des officiers. Mais c'est tout ce qu'elle obtint : malgré tous ses efforts, elle n'apprit rien sur le destin de son père.

Jusqu'au 20 août 1945.

Ce jour-là, un journaliste américain interviewa la femme du Reichsführer Himmler dans sa cellule. Gudrun et un officier anglais assistèrent à l'interview en silence.

Le journaliste posa les questions habituelles : Où avez-vous fait la connaissance de votre mari ? Comment était-il à la maison ? Aimait-il porter des charentaises ? Que savez-vous des camps de concentration ?

À un moment donné, Gudrun glissa une question : « Où mon père se trouve-t-il maintenant ?

— Mais il s'est empoisonné depuis longtemps », répondit le journaliste.

Les deux femmes se turent, bouleversées, et l'Anglais réprimanda le journaliste : « Vous n'auriez pas dû dire ça.

— Je suis désolé », s'excusa l'Américain.

Il n'aurait pas dû le dire. Mais, maintenant, Gudrun

Himmler savait. Et les conséquences ne se firent pas attendre.

La jeune fille de quinze ans s'écroula complètement. Frissons. Quarante de fièvre. Jour et nuit, elle délirait, sur le lit de camp de sa cellule.

Il n'était pas sûr que les médecins réussissent à la sauver. Mais, au bout de trois semaines, elle put se relever.

Alors le commandant Bridge de l'Intelligence Service britannique n'eut plus qu'une idée dans la tête : se débarrasser le plus vite possible de la famille Himmler qui posait tant de problèmes.

Mais où les envoyer ?

Qui voudrait accueillir une femme et une jeune fille qui portaient le nom de Himmler, en septembre 1945 ? Personne. Même pas un camp.

Le commandant résolut le problème en leur faisant faire des papiers au nom de Schmidt. Puis il fit emmener Madame et Mademoiselle Schmidt en avion à Florence.

De Florence, on envoya les deux femmes à Milan. Comme il n'y avait pas de camp adéquat, on les installa en prison. Gudrun Himmler se souvient : « La prison était bondée. Il n'y avait presque que des femmes et des enfants. Il s'avéra assez vite que c'étaient des fascistes fanatiques. Elles chantaient *Giovinezza*, le chant de combat italien, pendant des nuits entières. Comme les gardiens étaient des partisans communistes, les femmes se faisaient tabasser régulièrement. Mais elles continuaient à chanter quand même. Dans cette prison, il n'était pas question de songer à dormir. »

Un matin, un commandant américain vint chercher Madame et Mademoiselle Schmidt pour les emmener à l'aéroport.

« Où allons-nous ? demandèrent-elles.

— À Paris.

— Dorénavant, je m'appellerai de nouveau Himmler, décréta Gudrun.

— Schmidt est plus sûr, objecta le commandant.

— Ça m'est égal. Je m'appelle Gudrun Himmler. »

À Marseille, elles changèrent d'avion. Dans l'après-midi, elles atterrirent à Paris-Orly.

Le soir, exténuées, elles dormirent dans une salle de bains à Versailles. Elles étaient sous surveillance, bien sûr, puisque la villa où elles se trouvaient était elle aussi provisoirement transformée en prison. Les prisonniers étaient des diplomates, les gardiens étaient américains.

La nourriture était bonne.

Mais elles n'allaient pas rester longtemps dans la salle de bains à Versailles non plus. Au bout de trois jours, les Himmler entendirent l'ordre familier : « Venez avec moi !

— Où nous emmène-t-on ? demandèrent-elles une fois de plus.

— Je ne sais pas », bougonna l'Américain.

Une voiture. Un avion. Puis un autre avion. Et, à la fin du voyage, une voiture verte aux vitres grillagées les attendait à l'aéroport.

Gudrun Himmler regardait autour d'elle. « Où sommes-nous maintenant ?

— À Nuremberg, dit quelqu'un.

— Il est interdit de parler ! » hurla un policier auxiliaire.

Une demi-heure plus tard, le panier à salade s'arrêta devant le palais de justice de Nuremberg où le procès contre les vingt et un principaux criminels de guerre devait commencer trois semaines plus tard...

Gudrun et Marga Himmler descendirent.

Tout de suite, Gudrun Himmler fut séparée de sa mère. Un sergent-chef américain aux cheveux roux emmena la jeune fille pâle aux fines tresses blondes dans une cellule et lui dit comme en passant : « Déshabille-toi.

— Me déshabiller... ici ?

— Déshabille-toi. On n'a pas le temps.

— S'il vous plaît, sortez et fermez la porte », pria Gudrun Himmler.

Mais la porte demeura ouverte. Il n'y avait pas de place pour la pudeur, à Nuremberg. Les gardiens avaient reçu l'ordre strict de ne pas quitter des yeux les prisonniers, alors ils ne les quittaient pas des yeux. Toute possibilité de suicide devait être exclue.

Le sergent-chef roux observa la scène : l'on enleva à Gudrun Himmler tous les objets pointus, où l'on ôta les lacets de ses chaussures et l'élastique de sa petite culotte...

Ces mesures de précaution étaient justifiées, mais elles n'étaient pas efficaces à 100 pour cent. L'ancien ministre de la Santé du Reich, le docteur Conti, encadré par des gardiens, réussit à se dégager et à se précipiter dans la cage d'escalier. Il mourut sur le coup. Et Robert Ley confectionna un nœud coulant avec la fermeture éclair de sa veste militaire et se pendit à la chasse d'eau des toilettes, dans sa cellule.

Gudrun Himmler fut autorisée à se rhabiller. Le sergent-chef chargea un policier militaire gigantesque de s'occuper d'elle. Tous les policiers militaires étaient immenses, portaient des gants blancs et des matraques blanches qui ressemblaient à des bâtons de maréchal.

Ils montèrent trois paliers, puis s'engagèrent dans un long et large couloir que des tubes néon plongeaient dans une lumière blanche et blafarde. Les cellules situées des deux côtés ressemblaient aux guichets d'un bureau de poste. À la place des lucarnes pratiquées d'ordinaire dans les portes de prison se trouvaient de grandes ouvertures dont les volets étaient tous relevés. Au-dessus, on pouvait lire en grand : Rudolf Hess, Joachim von Ribbentrop, Julius Streicher, Ernst Kaltenbrunner — tout sauf des employés des postes...

Devant le premier guichet, Gudrun Himmler s'arrêta, troublée. Derrière la fenêtre était apparue la tête de Göring, qui lui paraissait étrangement chauve et vieillie.

Gudrun le regarda fixement. Göring réfléchit un instant, puis il rit brièvement. Apparemment, il avait reconnu la jeune fille.

Elle voulut lui faire un signe de la main. Mais le gardien la poussa en avant. « *Go on* », dit-il.

Peu après, la porte d'une des cellules se referma aussi derrière elle. Il y avait une ouverture dans la porte dont le volet était relevé, et un cabinet de toilette. La première nuit, elle demeura seule. Mais elle n'était pas oubliée pour autant. Car toutes les demi-heures, au plus tard, un casque blanc apparaissait dans l'ouverture, et les yeux d'un policier militaire vérifiaient que tout était en ordre chez la fille de Heinrich Himmler. D'abord, c'étaient des yeux bleus, puis marron foncé, puis verts. Les gardiens changeaient souvent.

Sous le néon du plafond, la nuit passait lentement.

Gudrun Himmler n'arrivait pas à dormir. La seule lecture qu'elle eût à sa disposition était le « règlement interne pour les prisonniers » signé par le commandant Elmer W. Fox.

« Il est interdit aux détenus de parler entre eux. En aucun cas, ils ne doivent essayer d'entrer en contact entre eux ou avec d'autres personnes... »

« Aucun détenu ne doit chercher à s'enfuir. En cas de tentative d'évasion, il serait abattu ou fusillé. S'il est blessé à cette occasion, la responsabilité lui en incombe... »

« Les détenus peuvent prendre une douche une fois par semaine... »

« Sur sa demande, chaque détenu recevra une bible... »

« Les détenus ont droit à une promenade quotidienne. Il est interdit de s'approcher à moins de dix mètres d'un codétenu... »

« Comme l'échange d'un salut militaire entre détenus et membres des forces alliées est interdit, la forme de salutation habituelle, à savoir une légère inclinaison du buste, est considérée comme remplacement adéquat... »

Le lendemain, Gudrun Himmler fut installée avec sa mère dans une cellule double, avec deux lits de camp et deux cabinets de toilette. Méticuleusement, un Américain muni d'un pinceau marqua le nom de Himmler au-dessus de l'ouverture dans la porte.

Il ne se passa rien de plus. Conformément au règlement interne, on les emmenait tous les jours par un long escalier en colimaçon dans la cour de la prison, pour la promenade. Une seule fois les gardes vinrent chercher Gudrun Himmler pour un interrogatoire. Comme tous les autres, elle dut répéter un serment. Et comme pour tous les autres, son témoignage fut enregistré sur magnétophone. Mais l'interrogatoire fut court et peu productif. La jeune fille ne savait rien dire sur les camps de concentration, sur la persécution des Juifs, sur la SS et la Gestapo. Elle ne pouvait pas leur fournir de révélations. Elle pouvait juste décrire comment Monsieur Himmler avait été à la maison.

« Combien de fois as-tu vu Hitler ? finit par lui demander l'officier de la cour.

— Je ne sais plus exactement.

— As-tu reçu des cadeaux de lui ?

— Oui, répondit Gudrun Himmler. Le 24 décembre, je suis allée avec mon père à la Maison Brune, à Munich, et je lui ai souhaité joyeux Noël.

— Et alors ?

— Quand j'étais toute petite, il m'offrait des poupées. Plus tard, il m'offrait toujours une boîte de chocolats. »

Le Noël de 1945 était très différent. C'était un Noël misérable et triste pour tous, pour les Allemands en liberté comme pour les Allemands dans les camps et les prisons. Dedans comme dehors, ils n'avaient rien à manger ni rien à se mettre, et ils n'avaient plus le cœur à rire.

Gudrun Himmler avait été installée avec sa mère dans l'aile de la prison de Nuremberg qu'on appelait l'aile des témoins. Le règlement dans l'aile des témoins était un peu moins strict. Dans la journée, les détenus de sexe féminin avaient même le droit de se rendre visite. La plupart d'entre elles étaient des secrétaires — les « mains droites » de Hitler, de Hess, de Ribbentrop, de Ley, de Frank et d'autres hauts personnages nazis. Elles attendaient d'être appelées à la barre des témoins dans le procès contre les vingt et un principaux inculpés qui avait commencé le 20 novembre.

Personne ne savait pourquoi Gudrun, une jeune fille de quinze ans, était retenue ici. Elle jouissait de quelques privilèges. Par exemple, occasionnellement, elle avait le droit de faire de la gymnastique dans la salle de gymnastique. Elle pouvait emprunter des livres à la bibliothèque. On lui donnait des cahiers d'écolier, des crayons de couleur, du papier d'argent. Il fallait bien l'occuper d'une façon ou d'une autre.

Tandis que, dans la prison, avait lieu un va-et-vient constant — certains détenus étaient déjà appelés devant le tribunal, d'autres subissaient encore des interrogatoires, d'autres encore arrivaient seulement —, la fille de Heinrich Himmler découpait des petits bonshommes de neige en papier d'argent, collait dessus des étoiles de Noël et les mettait à la boîte aux lettres de la prison. Et, en effet, ces petits bonshommes de neige en papier argenté trouvèrent leur chemin dans les cellules...

Certains prisonniers l'en remercièrent plus tard.

« Vous venez avec moi, entendirent de nouveau les Himmler, le 6 janvier 1946.

— Où allons-nous ? »

Le policier militaire se contenta de sourire. Sans doute, il ne le savait pas non plus. Il leur remit à toutes les deux leurs lacets, leurs épingles à cheveux et leurs élastiques, puis il leur fit signer un reçu.

« *Good bye* », dit-il en souriant. Sourire n'engageait à rien.

L'étape suivante était le camp d'internement de Hersbruck. Puis vint le camp d'internement de Ludwigsbourg. Gudrun et Marga Himmler s'habituèrent peu à peu à ce genre de vie. Elles savaient maintenant qu'il valait mieux, pour elles, vivre derrière des barbelés que de sortir parmi la population en portant le nom de Himmler.

Elles avaient perdu tout contact avec le monde extérieur et avec leurs anciennes relations. Elles ne reçurent pas une seule lettre, ni un seul paquet. Et, bien sûr, elles n'avaient pas de visite non plus.

Toutefois, on ne s'ennuyait pas au camp d'internement n° 77 de Ludwigsbourg.

« Nous pouvions apprendre l'anglais, la puériculture, la sténographie ou les travaux d'aiguille, se souvient Gudrun Himmler. Il y avait un cabaret, des conférences sur l'horticulture et l'Histoire et des cours de dessin. J'ai choisi de m'initier à la reliure, à l'époque... »

Elle continuait d'être pâle et maigre et de porter des nattes. On lui donnait douze ans, alors qu'elle en avait déjà seize, maintenant. Pendant une conférence sur le jeune Goethe, elle s'évanouit et tomba de sa chaise. Six heures plus tard, elle se réveilla à l'hôpital. Elle put en ressortir quelques jours plus tard, certes, mais le médecin appela la direction du camp : « Cette jeune fille est sous-alimentée, elle devrait peser dix kilos de plus. Ces états de faiblesse peuvent se répéter tous les jours... »

À partir de ce coup de fil, Gudrun Himmler reçut des rations supplémentaires. Pourtant les crises dues à la faiblesse se répétèrent.

En novembre 1946, Madame Marga Himmler dut se présenter devant la direction du camp.

« Vous pouvez sortir, maintenant, lui fit savoir le directeur du camp. Qu'inscrit-on comme destination sur le certificat de sortie ?

— Je ne sais pas, répondit la veuve de l'ancien Reichsführer SS, qui avait été si puissant.

— N'avez-vous donc pas de famille, de relations ou d'amis qui pourraient vous loger pendant quelque temps ?

— Non, dit Marga Himmler.
— Avez-vous de l'argent ?
— Pas le moindre pfennig.
— Pas de bijoux non plus ? demanda le directeur du camp.
— Non plus. »

Le chef du camp d'internement de Ludwigsbourg hocha la tête. « Alors vous feriez bien de retourner dans votre baraquement. Je ne peux pas vous mettre à la rue, avec votre fille... »

Mais il ne pouvait pas les garder non plus. Son camp n'était pas un asile de sans-abri. Il poussa donc un soupir de soulagement lorsque, une semaine plus tard, il put leur établir leur certificat de sortie avec, comme destination, Bethel, près de Bielefeld.

Le sanatorium protestant de Bethel avait été fondé cent ans auparavant par le pasteur Bodelschwingh. Au fil des années, il s'était agrandi aux dimensions d'une ville — d'après le souhait de son fondateur, une ville pour « des personnes ayant besoin d'une aide physique et mentale ». Lorsque Gudrun Himmler et sa mère emménagèrent dans deux petites chambres de la maison Damas, 2 500 épileptiques, 800 malades mentaux, des jeunes filles déchues, des marginaux et des sans-abri vivaient dans cette ville.

« Nous étions nourries et nous avions un toit, dit Gudrun Himmler aujourd'hui. En novembre 1946, c'était sans doute un coup de chance, pour nous. Qui d'autre nous aurait accueillies ? »

Au milieu des personnes « qui avaient besoin d'une aide physique et mentale », la jeune fille de seize ans refusa avec constance de se convertir au protestantisme. Elle n'allait pas au culte, le dimanche, et restait muette lors des prières, midi et soir. « Je veux rester comme était mon père », disait-elle obstinément aux pasteurs et aux bonnes sœurs qui cherchaient à la pousser à se convertir.

Dans l'atmosphère pieuse de Bethel, Gudrun Himmler

demeura à l'écart. Elle apprit à filer et à tisser. Mais elle n'apprit pas à s'intégrer. Elle ne trouva pas une seule amie. Elle était presque encore enfant, une jeune fille solitaire, rebelle, mal-aimée, qui ne priait pas et que personne ne vit jamais pleurer ni rire.

En automne 1947, elle alla à Bielefeld et fit une demande pour entrer dans une école d'arts appliqués.

« Comment vous appelez-vous ?

— Gudrun Himmler.

— Profession du père ?

— Mon père était le Reichsführer SS... »

Sa demande fut rejetée sur-le-champ. Si elle put s'inscrire tout de même pour le semestre d'automne, c'est grâce au chef du parti social-démocrate de Bielefeld. Il la reçut pour une brève entrevue dans son bureau.

« Vous êtes la fille de Himmler ?

— Oui.

— Vous n'y pouvez rien...

— Mais ma demande a été rejetée pour cette raison.

— Je vais faire en sorte que vous puissiez tout de même entrer dans notre école car, dans notre nouvel État, nous ne pratiquons plus de punition s'appliquant à toute la famille.

— Merci », dit Gudrun.

Et l'homme, qui lui donna ainsi sa première leçon pratique en démocratie, tint parole.

Jusqu'à la réforme monétaire, elle fréquenta la classe de textile de l'école. Puis elle dut abandonner les cours parce qu'elle ne pouvait plus payer les droits de scolarité. Sa demande de bourse fut rejetée : on ne peut pas demander au contribuable de financer des études à la fille de Heinrich Himmler, précisa-t-on.

Alors elle entra en apprentissage chez une couturière. En 1951, elle obtint son diplôme d'apprentie. La même année, elle reçut son certificat de dénazification : « Vous ne pouvez pas expier les crimes de votre père, mais vous avez le devoir de vivre comme une digne citoyenne allemande et de traverser la vie avec droiture... »

Un an plus tard, elle se sépara de sa mère. Elle fit sa valise à Bethel et partit pour Munich. Elle avait vingt-deux ans, maintenant, et elle faisait enfin son âge. Elle se mit à aller au cinéma et au théâtre. À Bielefeld, elle avait appris non seulement à coudre, mais aussi à danser.

« Je me suis un peu éveillée à la vie », dit Gudrun Himmler en parlant de ses années à Bielefeld.

« Vous est-il arrivé de rencontrer un jeune homme, aussi ?

— Oui... bien sûr.

— Le nom de Himmler n'était-il pas gênant, dans ces occasions ?

— Non. »

Le nom de Himmler ne recommença à devenir gênant qu'à Munich, lorsqu'elle se mit à chercher du travail.

Dans l'usine de vêtements où elle se présenta, le comité d'entreprise se réunit immédiatement. Le résultat du vote fut négatif, pour Mademoiselle Himmler, alors le service du personnel dut rejeter sa candidature.

Puis elle alla voir la patronne d'un magasin de vêtements. L'affaire était déjà conclue, pour ainsi dire, quand celle-ci demanda soudain : « N'est-ce pas, cher enfant, vous n'avez rien à voir avec cet horrible Himmler ?

— C'est mon père », dit Gudrun, et c'est ainsi qu'elle n'obtint pas cette place-là non plus.

« Si vous changez de nom, vous pouvez commencer chez moi demain, lui dit un maître-tailleur.

— Non, merci.

— Alors faites un mariage blanc, lui proposa-t-il.

— Non, merci.

— Alors je suis désolé. Il faut tout de même que je pense à mes clientes. »

Finalement, elle finit par trouver un poste de modiste et par louer une chambre à elle. Et, enfin, elle put entreprendre un voyage en Angleterre.

« J'ai rencontré beaucoup de fascistes, là-bas », dit Gudrun Himmler en évoquant ce voyage.

Par exemple un certain Mister Sidney Proud qui l'invita, elle et Adolf von Ribbentrop — le fils du ministre des Affaires étrangères du Reich qui avait été pendu à Nuremberg — dans sa maison où il leur montra fièrement les portraits de Hitler au-dessus de sa cheminée. Il leur servit du champagne et leur chanta le chant de Horst Wessel[1]. Et, en plus, il avait fait venir un photographe.

Les photos de la soirée chez Mister Proud furent publiées dans les journaux du monde entier, et elles eurent deux conséquences : pour Mister Proud, dont le métier consistait à organiser des voyages dans l'Espagne de Franco, elles étaient de la publicité bon marché. Pour Gudrun Himmler et Adolf von Ribbentrop, elles constituaient des souvenirs gênants. Car, partout, on était scandalisé par ces enfants de nazis incorrigibles...

Avant même qu'elle n'eût vraiment commencé à travailler, Gudrun perdit, après une altercation, la première place qu'elle eût obtenue après son voyage en Angleterre.

Un lundi, à 8 heures du matin précises, elle commença à travailler dans une pension au bord du Tegernsee.

À 11 heures du matin arriva, comme prévu, Monsieur Goldmann de Francfort. Il voulait rester trois semaines. Gudrun Himmler lui donna la clé de la chambre 7.

Monsieur Goldmann avait des cheveux blancs, il avait environ soixante-dix ans. Après le déjeuner, il passa deux coups de fil par le service interurbain. C'est Gudrun Himmler qui établit la liaison. « Un instant, s'il vous plaît, je vous passe Monsieur Goldmann... »

Jusqu'à 4 heures de l'après-midi, tout alla bien entre Gudrun Himmler et ce Monsieur Goldmann aux cheveux blancs. Puis quelqu'un lui apprit qui était la jeune fille à la réception, en bas.

Gudrun l'entendit tempêter dans l'escalier : « Ma

1. Célèbre chant nazi *(NdT)*.

femme a été assassinée à Auschwitz. Est-ce que je dois en remercier Mademoiselle Himmler ? »

Deux heures plus tard, la fille de Heinrich Himmler se trouvait à la gare de Gmund et attendait le prochain train pour Munich. Elle était de nouveau sans travail. Elle devait de nouveau recommencer à zéro, se présenter, dire son nom, le nom de son père...

Elle travailla comme modiste, ouvrière aux pièces, aide-bureau et finalement secrétaire. Elle changea de postes et de chambres en sous-location, elle changea de coiffure, avec le temps elle changea sa personnalité, mais une chose n'a jamais changé : où qu'elle se présente, où qu'elle apparaisse, on lui pose invariablement la question : « Himmler ? Mais vous n'êtes tout de même pas de la famille de... ? »

Une fille amère
et le principe du refus de voir

Supposons que mon père eût été un de ces dignitaires nazis et que j'eusse appris un jour ce qu'il avait fait. Un jour, j'aurais su que mon père avait été un criminel, un assassin. Et, en vérité, peu m'aurait importé alors de savoir s'il avait donné les ordres meurtriers depuis son bureau ou s'il avait assassiné lui-même.

Il me resterait les mêmes images de lui que maintenant. Les bonnes images, pour ainsi dire ; il en existe suffisamment. Je le verrais en train de jouer au Tip-Kick[1] avec ses fils, couché par terre devant le terrain de jeu en plastique vert. Il était particulièrement fier d'avoir développé une technique spéciale avec le petit joueur de foot en fer, le tir spécial, comme il disait.

Je me souviendrais de la même façon qu'il était toujours là quand il y avait un problème. Qu'il avait toujours du temps pour nous. Que nous allions à la pêche (sans jamais rapporter à la maison un seul poisson) ou que nous jouions aux cartes (il insista tôt pour qu'on joue pour du vrai argent parce que tout le reste ne valait rien). Il nous emmenait souvent à la gare, le soir, quand il devait poster un manuscrit au bureau de poste adjacent.

1. Sorte de baby-foot *(NdT)*.

Nous mangions toujours du *Leberkäse*[1] et, encore aujourd'hui, je continue à avoir ce goût dans la bouche chaque fois que j'entre dans une gare.

Des souvenirs pareils, j'en ai beaucoup. Je me souviens encore très bien du jour où je suis arrivé pour la première fois, en tant que stagiaire, à la rédaction du *Süddeutsche Zeitung*, le journal où mon père avait travaillé il y a longtemps. Je suis entré dans le bureau du journaliste qui était chargé des affaires criminelles. Il m'a regardé et m'a dit aussitôt : « Vous devez être de la famille du vieux Lebert, vous avez le même sourire que lui. » Cela m'a fait un drôle d'effet. Je me suis dit que, probablement, les liens qui nous unissaient étaient plus forts que je ne l'avais supposé. Puisque même un étranger me faisait remarquer notre ressemblance ! Le sentiment d'être le fils de quelqu'un a-t-il peut-être à voir avec la question : quelle part de moi vient du père, et quelle est la part qui n'est que moi ?

Je pouvais choisir la voie de la facilité et dire : tel qu'était mon père, avec tous ses traits de caractère, il ne serait jamais devenu un bourreau. Mais n'est-ce pas ce que tant d'Allemands après la fin de la Seconde Guerre mondiale se sont dit ? Du style : je connais bien mon père, mon frère, mon ami, mon mari, ils ne feraient jamais des choses semblables. Ils n'ont rien su, ils n'ont pas pu savoir quoi que ce soit. Et, s'ils l'ont su, ils ont été corrompus, par ces quelques personnes qui étaient des diables. Non, nous n'étions pas un pays de bourreaux. Regardez-nous dans les yeux : nous sommes des êtres humains, nous aussi ; nous aussi, nous avons été des victimes.

Simon Wiesenthal dit que c'est une grande erreur, une erreur dramatique, que de croire que seuls des êtres mauvais sont capables de commettre le Mal. D'après lui, une des caractéristiques essentielles de nombreux dirigeants

1. Charcuterie à base de foie de porc *(NdT).*

nazis est qu'ils étaient des êtres charmants à la maison. « C'étaient les mêmes personnes qui, le matin, embrassaient affectueusement leurs enfants et qui, quelques heures plus tard, gazaient ou abattaient quelques Juifs. » Ce constat, poursuit Wiesenthal, est terrible et en même temps extrêmement important, « car il faut avoir compris cela pour savoir que le Mal sommeille en la plupart des humains et qu'il peut surgir presque à tout instant. Les gens ont beau dire qu'une dictature aussi atroce ne serait plus possible aujourd'hui. C'est cela, le vrai enseignement qu'il faut tirer de l'horreur du national-socialisme : tu dois combattre le Mal en permanence pour qu'il ne resurgisse pas ».

Mon père était tout près d'avoir une biographie de criminel nazi. Il racontait souvent comment, membre enthousiaste des Jeunesses hitlériennes, il fixait des petits drapeaux sur une carte du monde, marquant les nombreux pays que Hitler avait attaqués avec succès, au début de la guerre. Pour lui, l'effondrement de l'Allemagne nazie était une catastrophe, il ne vécut pas l'arrivée des Alliés comme une libération, mais comme une grande défaite. Il racontait qu'il n'avait que du mépris pour les gens qui se mettaient au bord des rues pour saluer les Américains. Pour lui, c'étaient des traîtres.

À la fin de la guerre, mon père avait quinze ans, et il faut dire à sa décharge qu'il n'était qu'un enfant. C'est ainsi qu'il le voyait lui-même : « J'avais la chance de ne pas avoir été plus âgé, cela m'a préservé d'un destin horrible. » Il ne voulait pas seulement parler de la guerre qui lui a été épargnée mais, surtout, de la possibilité de devenir un dirigeant nazi, avec toutes les conséquences que cela aurait impliqué. « Mon Dieu, quelle sorte d'homme serais-je devenu si les Allemands n'avaient pas perdu la guerre ? » Peut-être un chef de district du nom de Norbert Lebert, quelque part dans le grand Reich national-socialiste. Pour lui, il n'y avait pas de doute : « Vu mon enthousiasme sans réserve, à l'époque, il n'y a aucune raison de penser que j'aurais évolué autrement. »

Jusqu'à sa mort, ce constat l'a marqué et tourmenté : on ne peut pas se faire confiance, on est capable de toutes sortes de choses, dont les pires, si les circonstances extérieures y sont favorables. Or, ce bouleversement qui allait marquer toute sa vie ne venait pas de ce qu'il se considérait comme quelqu'un qui aurait été corrompu. Il savait une chose : qu'il faut bien se garder d'attribuer à ses propres conceptions morales une valeur universelle.

Lorsqu'il eut enfin compris, qu'il vit les photos des camps de concentration, les monceaux de cadavres, les visages décharnés des prisonniers affamés, il réagit d'une façon qu'on pourrait dire représentative d'un grand nombre d'Allemands. Il décida de se tenir éloigné dorénavant de toute forme de politique, y compris l'affrontement du passé, pour se consacrer pleinement à sa vie privée et à sa carrière personnelle. Autrement dit : les mots d'ordre étaient plaisir et argent, en aucun cas le regard en arrière. Un schéma de comportement qui était certainement typique et marquant pour la République fédérale allemande des années 50.

Et s'il avait été un criminel nazi ? Je pense, j'espère, que j'aurais eu la force de rompre avec lui. De quelque manière que ce soit. Mais je n'en suis pas sûr. Je devine ce qui doit rester, à l'intérieur de soi-même, quel genre d'images doivent se concurrencer. Le poids qui doit rester, de toute façon. Comment se sent quelqu'un à qui on fait remarquer sa forte ressemblance avec son père, si celui-ci a été un assassin en série ?

Ce conflit émotionnel fondamental, je l'imagine un peu comme dans le film *Le Troisième Homme*. Un écrivain américain arrive dans la Vienne détruite de l'après-guerre et veut rendre visite à son vieil ami Harry Lime. Il apprend que son ami est un criminel sans scrupule qui rallonge et souille des médicaments vitaux comme la pénicilline pour pouvoir en commercialiser de plus grandes quantités. Dans une scène grandiose, la police emmène l'écrivain au chevet de nombreux enfants concernés. Le spectateur ne voit que le visage choqué de l'Américain, on ne voit pas d'enfants, seulement quelques animaux en peluche. C'est donc cela, le vieil ami, c'est donc cela qu'il a fait. La fin du célèbre film est connu : à contrecœur, l'écrivain joue le rôle de l'indicateur et abat Harry Lime dans les catacombes de Vienne.

Il est évident que les crimes d'un Heinrich Himmler ne peuvent se comparer aux affaires criminelles d'un Harry Lime. Je veux parler ici uniquement du conflit émotionnel dont on a curieusement si peu entendu parler pendant toutes ces dernières décennies. Au pays des bourreaux, ce conflit aurait dû être déterminant, après la guerre, après les révélations définitives des crimes nazis. Certes, il y eut le cri collectif lancé par la génération de 68 : « Qu'avez-vous fait, à l'époque ? » Mais cela demeura l'affaire des manifestants, le cri de quelques étudiants isolés. La plupart des familles allemandes ne l'ont pas entendu, elles n'ont même pas entendu une question posée à voix basse, prudemment. Visiblement, ce n'était pas un sujet qui les intéressait.

Dan Bar-On écrit dans son livre *Le Poids du silence* : « ...une partie de mes travaux consistait à rechercher des "situations de confession" impliquant des criminels nazis : Les criminels sont-ils allés voir des prêtres (ou des médecins ou des psychologues) pour confesser les crimes auxquels ils avaient participé pendant la guerre ? Lors de mes deux premiers séjours en Allemagne, j'avais été en contact avec environ quatre-vingts prêtres, médecins, psychologues et psychiatres, mais personne ne put rendre compte d'une telle confession. Seuls un psychiatre et un médecin connaissaient des collègues à qui cela était arrivé. » Une précision : les recherches de Dan Bar-On eurent lieu au milieu des années 80.

Dans les années 60, un couple de psychologues de Heidelberg, Alexandre et Margarete Mitscherlich, constata à propos de la santé psychique des Allemands : « Étonnamment, il n'y eut pas d'accroissement massif de situations d'échec qui auraient abouti à une maladie cliniquement définissable. Il ressort des notes prises par plus de 4 000 patients qu'il n'existait que fort peu d'indices montrant un rapport entre leur symptômes actuels et des événements vécus sous l'ère nazie. Des nazis déclarés n'apparurent pour ainsi dire jamais. »

Le psychanalyste fribourgeois Tilmann Moser tire une conclusion semblable, à la fin des années 90 : « Il semble que nous devons accepter l'idée que les criminels et les suiveurs n'ont pas trouvé l'accès à des sentiments de honte et de culpabilité, pour quelque raison que ce soit : dédoublement de la personnalité, défi, déréalisation, défense collective ou barrières anthropologiques lors de la constitution de l'identité et de la continuité de la conscience. »

Son collègue munichois Wolfgang Schmidbauer en arrive, après d'innombrables travaux de recherche, à la conclusion « profondément injuste » que, pour l'assassin qui a tué beaucoup de personnes dans un camp de concentration ou pour l'entrepreneur qui a tiré profit de la mort de plusieurs milliers d'ouvriers sans défense, il est beaucoup plus facile de nier sa culpabilité, de refouler ses scrupules, de mener une vie de famille normale et d'être un père respecté de ses enfants que pour les victimes, dont la plupart souffrent de très graves sentiments de culpabilité parce qu'ils ont survécu. On peut le formuler ainsi, conclut Schmidbauer : les bourreaux n'avaient à gérer que leur peur d'être pris et condamné. D'un point de vue psychologique, cela peut s'expliquer ainsi : le bourreau s'est réalisé à travers ses actes ; la victime, elle, a été perturbée par ces actes dans tout ce qu'elle voulait et veut réaliser. Pour le dire autrement, plus cyniquement : torturer a nettement moins d'effets secondaires qu'être torturé.

Chez les survivants de l'Holocauste, on a souvent observé une grande intranquillité et une tendance excessive à se jeter dans le travail, dit Schmidbauer. Ces deux traits de caractère ont quelque chose en commun : on est toujours en mouvement, on évite surtout de s'arrêter et de réfléchir à la question de savoir qui on est car, cela, on ne le supporte pas. C'est précisément la raison pour laquelle, d'après Schmidbauer, beaucoup de rescapés des camps de concentration ont une relation très problématique avec leurs enfants, « parce qu'il faut s'arrêter avec les enfants, il faut s'y consacrer. Il faut montrer clairement qui on est. Et beaucoup de gens avec ce passé-là ne le peuvent pas ». Et les coupables ? On ne leur connaît pas de problèmes, dit-il, « l'immense majorité semble avoir la conscience tranquille ».

Dans son livre *Ich wusste nie, was mit Vater ist — das Trauma des Krieges* (« Je n'ai jamais su ce qu'il en était de mon père — le traumatisme de la guerre »), paru en 1998, Wolfgang Schmidbauer a essayé de trouver une image d'ordre général pour les différentes conséquences du nazisme sur la génération qui a suivi : « Si une femme née disons en 1959, après avoir visité les lieux de mémoire d'Auschwitz ou de Buchenwald, pleure, fait des insomnies ou des cauchemars, c'est qu'elle est probablement la fille de victimes. Et si sa voisine observe la scène avec un intérêt touristique et prononce ensuite quelques phrases convenables, en affirmant à quel point l'Holocauste a été une chose horrible, unique et qui ne pourra pas se répéter dans une Europe unie, alors elle est peut-être la fille ou la petite-fille de nazis. »

Pas d'accès à la honte et à la culpabilité : peut-être est-ce la formule qui décrit assez bien l'Allemagne de l'après-guerre, dans les années 50. On travaille à la reconstruction, on s'amuse, on profite de la vie, après toutes ces années sombres. Beaucoup de gens racontent qu'ils ont été très surpris de voir qu'on remontait la pente aussi vite, « on n'aurait jamais imaginé ça ».

Mon père a décrit sa vie dans les années 50 comme un état d'ivresse : l'envie de vivre était tellement forte, on voulait profiter de tout, surtout ne pas s'embarrasser de problèmes pesants quelconques. Une attitude purement égoïste et, tout bien considéré, compréhensible. Probablement, j'aurais fonctionné de la même façon.

Le regard que l'avocat vedette Alan Dershowitz pose sur cette époque est lui aussi compréhensible. Lui, un Juif américain né en 1932, dit en avril 2000, sur un podium à Berlin, la nouvelle capitale, qu'il se souvenait très bien combien il avait été déconcerté à l'époque, en regardant la vie florissante en Allemagne : « On ne percevait aucune mauvaise conscience, sous quelque forme que ce soit. » Lui, Dershowitz, s'était attendu à ce que les lumières dans ce pays restent éteintes pendant quelques années, au sens figuré de l'expression. Au lieu de quoi il eut l'impression que, « cinq minutes plus tard, elles brillaient de nouveau de toute leur force de rayonnement ».

Bien sûr, il y eut l'agenouillement de Willy Brandt à Varsovie, ce grand geste, d'ailleurs critiqué par beaucoup de conservateurs. Mais ce geste demeura une exception marquante. Il y eut infiniment de proclamations de culpabilité, de la part de tous les gouvernements d'Allemagne fédérale et de presque toutes les institutions importantes. Nous ne doutons pas que la plupart d'entre elles fussent sincères ; reste que ces affirmations d'innocence constituaient une sorte de programme obligé auquel on se soustrayait bon gré mal gré, devant le sévère contrôle international auquel l'Allemagne était soumise pendant ces années-là. On présentait au monde extérieur une face respectable. Mais, à l'intérieur du pays, malgré toutes les proclamations de culpabilité, les vieux camarades entamaient une nouvelle carrière. Un seul exemple : déjà peu après la guerre, presque toute l'équipe dirigeante du ministre de l'Armement Albert Speer se retrouva aux leviers de commande du pouvoir. Dans sa biographie, d'ailleurs récompensée par un prix, *Best. Biographische Studien über Radikalismus, Weltanschauung und Vernunft 1903-1989* (« Best. Études biographiques sur le radicalisme, la Weltanschauung et la raison 1903-1989 »), l'historien Ulrich Herbert a décrit en détail et de façon impressionnante la réascension de hauts fonctionnaires nazis dans la société de la République fédérale de l'après-guerre.

Bien sûr, il y eut des débats d'intellectuels sur Auschwitz et ses conséquences infinies. Les historiens inondèrent le public avec des travaux de recherche sur l'ampleur de l'horreur nazie. Il n'y a pour ainsi dire pas un village dont le passé ne fut examiné à la loupe, d'un côté. De l'autre côté, cette dynamique de l'affrontement du passé semble être restée une affaire de spécialistes. Le large public n'a jamais été touché par ces travaux. Il est sans doute symptomatique que Marcel Reich-Ranicki raconte dans son autobiographie *Mein Leben* (« Ma vie ») que la première personne qui l'eût interrogé sur ce qu'il avait vécu en camp de concentration fut une journaliste, à la fin des années 60. Elle s'appelait Ulrike Meinhof, la future terroriste.

Le psychologue munichois Louis Lewitan parle d'une conjuration du silence à laquelle de larges parties de la population avaient participé. On n'en parle pas, on ne pose pas de questions. Et, en un sens, cette stratégie a bien marché. Le principe du refoulement, du reniement, du refus de savoir a fonctionné. L'Allemagne est devenue un pays florissant ; vus dans leur ensemble, les Allemands ne semblent pas plus malades psychiquement que les gens ailleurs.

Et peut-être est-ce d'abord un mélange de désir et de conviction qui pousse les psychologues à continuer de chercher les séquelles tardives de cette absence d'affrontement du passé. Ainsi, Tilmann Moser a constaté une « fausse guérison », chez cette génération, qui aura pour conséquences de charger ceux qui viendront après de « containers entiers de problèmes ». Son collègue munichois Schmidbauer est plus sceptique parce qu'il note la disparition pure et simple du principe de la « mauvaise conscience » dans la société. Il suffit pour s'en rendre compte de discuter avec des policiers et des procureurs, dit Schmidbauer, « ils te diront tous que ça n'existe plus, un délinquant qui avoue ou qui agit d'une certaine façon par mauvaise conscience. C'est fini. Les sentiments de culpabilité ne commencent que lorsqu'on est pris ».

Mais Wolfgang Schmidbauer va lui aussi jusqu'à parler de « séquelles sociales tardives ». De nombreuses études nous apprennent, dit-il, que les personnes qui ont tendance à refouler sont souvent peureuses, balourdes et difficilement prêtes à de quelconques changements. On peut parler d'une certaine forme de paralysie. De telles personnes ont du mal à communiquer, et leur incapacité à résoudre des conflits se transmet souvent à d'autres. On pourrait ajouter : ce sont des personnes à qui il paraît impossible de faire subir une secousse à leur vie — pour, dorénavant, être courageux et confiants en l'avenir. Il est vrai que Roman Herzog[1] ne serait peut-être pas devenu un mauvais thérapeute. Une société de plomb, étouffée, justement aussi parce qu'elle a encore tellement à faire pour digérer son passé ? En tout cas, ce qui est incroyable, c'est que tout cela reste un tabou pour beaucoup, à commencer par l'influence déterminante du Troisième Reich sur la vie en République fédérale.

Wolfgang Schmidbauer raconte sa propre relation avec son père. Celui-ci était soldat pendant la Seconde Guerre mondiale et il est tombé quand son fils était encore tout petit. Une vie sans père, donc. Abandonné par l'autorité la plus importante, la personne de référence centrale. Bien sûr, le psychanalyste a cherché à analyser l'importance de cette absence pour lui. Schmidbauer dit que les crises d'angoisse occasionnelles qu'il a connues durant toute sa vie y ont trait. Il se décrit comme quelqu'un qui aime bien avoir tout sous contrôle, et il a parfois peur devant des situations inattendues. « Si, en plus, je suis stressé à ce moment-là, dit-il, alors ce mélange de stress

1. Président de la République fédérale dans les années 90 *(NdT)*.

et d'impuissance peut déclencher la crise. » Il donne un exemple qui paraît plutôt sans gravité : un jour, il avait prêté son appartement à une amie pour quelques jours, et il était rentré d'un voyage d'affaires fatigant un jour plus tôt que prévu. L'amie était de sortie mais, pour lui faire plaisir, elle avait repeint tous les châssis de fenêtre. Les châssis avaient été décrochés, ils étaient posés par terre pour sécher. « J'étais là et je sentais l'angoisse monter. C'était complètement ridicule, mais quelque chose était survenu à quoi je ne m'attendais pas. Dans mon appartement, qui plus est. Dans mon antre, si vous voulez. Plus tard, je me suis moqué de moi-même mais, sur le moment, c'était dur. »

Un petit événement minuscule, par rapport à la quantité de grands événements de l'histoire allemande. Question purement théorique : comment les enfants des hauts responsables nazis pourraient-ils s'en sortir, d'un point de vue psychologique ? Le plus important serait peut-être, d'après Wolfgang Schmidbauer, de se rendre compte que l'affrontement d'un tel destin est une tâche pour la vie. C'est un peu comme si on devait toujours se promener avec un lourd fardeau. Il faut faire attention qu'il ne devienne pas trop lourd, trop dominant. Ce fardeau, dit le psychologue, ne doit jamais constituer qu'une partie de la vie de la personne, il ne doit jamais peser plus lourd que le reste. Il faut le contrebalancer avec d'autres choses de la vie : une famille à soi, un travail, des idées personnelles, des espoirs. Ainsi, on a une chance de ne pas être écrasé par ce fardeau, dit Schmidbauer. De cette façon-là, cela pourrait marcher. À peu près.

Il y a des fardeaux plus petits et des fardeaux plus grands. Et d'autres, énormes. Himmler, comme père, en aurait été un énorme. Sa fille unique aurait eu pas mal de choses à affronter. Aurait-elle pu y arriver ?

Qui veut écrire la suite de l'histoire de Gudrun Himmler en est réduit à des suppositions. Il semble, en effet, qu'elle n'ait donné qu'une seule interview dans sa vie, à mon père. Après, elle a fermé à jamais toute ouverture vers le monde. À ma demande, elle n'a même pas répondu, comme elle n'avait répondu à aucune sollicitation auparavant.

Le livre sur son père, la grand pamphlet de réhabilitation, elle ne l'a jamais écrit ; en tout cas, il n'est jamais paru. Mais cela ne signifie pas qu'elle ait pris ses distances avec son père. Non, il n'y a pas le moindre indice pour cela. Tout au contraire. Quelques faits confirment la direction fatale qu'a prise sa vie. La fille du Reichsführer SS continue à être active encore aujourd'hui dans une association du nom de « Stille Hilfe » (« Aide discrète »), une organisation qui a de la tradition. Peu après la fin de la Seconde Guerre mondiale, déjà, cette association a aidé des dirigeants nationaux-socialistes à sortir du pays ou à reprendre pied en Allemagne. Des recherches du magazine du *Süddeutsche Zeitung* ont montré qu'aujourd'hui la « Stille Hilfe » compte encore une bonne vingtaine de membres dont la plupart sont de vieux nazis invétérés. Jusqu'en 1994, ils étaient une « institution d'utilité publique », aujourd'hui, ils sont financés par des dons d'un millier de leurs amis politiques.

Sur la liste de cette organisation discrète se trouvent de vieux nazis malades. Ils sont soignés et bichonnés « parce que le reste de notre société a oublié et exclu ces gens-là », comme le dit un membre de l'association. Parmi leur clientèle se trouve par exemple Hermine Ryan, la « jument de Maïdanek ». On peut supposer que la fille du Reichsführer SS et la jument concentrationnaire, après la libération de cette dernière, ont eu quelques entrevues amicales. Peut-être ont-elles bu un café ensemble en parlant du bon vieux temps.

Ce qui est sûr, c'est que Madame Burwitz — c'est ainsi que Gudrun Himmler s'appelle aujourd'hui car elle a épousé un auteur occasionnel de ce nom — s'occupe d'un autre vieillard qui vit dans une maison de retraite au sud de Munich. Il s'appelle Anton Malloth. Madame

Burwitz lui apporte régulièrement de la nourriture et l'emmène en promenade. Ce monsieur était Oberscharführer SS dans la prison de la Gestapo qui était appelée la « petite forteresse de Theresienstadt », il était donc sans doute un bon ami de son père. Il aurait participé à l'assassinat d'au moins sept cents prisonniers. Il passait pour un « des surveillants les plus cruels et les plus redoutés de Theresienstadt », peut-on lire dans la demande d'extradition établie par la magistrature tchèque. Malloth fut arrêté à la fin du mois de mai 2000, et il devra probablement comparaître devant les tribunaux tchèques.

Gudrun Burwitz vit avec sa famille dans une petite maison au sud de Munich. Elle a des enfants et elle est mère au foyer. Il faut ajouter : elle a un hobby particulier dont on peut dire qu'il est d'ordre politique. Car elle n'apprécie pas seulement les vieux camarades de son papa. D'après des informations de sources diverses, elle apparaît volontiers dans des manifestations néo-nazies. Elle se fait célébrer.

Est-ce seulement en tant que fille de Himmler ou en tant que femme à qui l'art de commander a été transmis par le sang ? A-t-elle peut-être trouvé de cette façon une réponse à la question de savoir qui elle est en réalité, ce qui fait son identité, dans l'ombre de son père adoré, surpuissant ?

Les enfants des célèbres dignitaires nazis se sont tous vus de temps à autre, au fil des années. Wolf-Rüdiger Hess, Martin Bormann, Klaus von Schirach, Edda Göring. Lors d'enterrements ou pour prendre un verre de vin ensemble. Gudrun Burwitz née Himmler ne jouit pas d'une grande popularité. On la dit amère, méchante, dominatrice, désagréable. « Je ne connais personne qui ait jamais dit un mot de positif à son sujet », dit une personne de ce cercle.

Il y a une photo, prise en 1998 par un photographe du *Bildzeitung*, où on la voit dans la rue, devant sa maison.

Un visage dur, des cheveux ramenés en chignon, des bottes, un collier de perles, un foulard porté de façon décontractée. Cela paraît peut-être un peu trop simple mais, sur cette photo, elle pourrait passer sans problème pour le chef d'un groupe BDM [1] de l'époque, la section pour jeunes filles des Jeunesses hitlériennes. Comme s'il on l'avait mutée dans un passé maudit.

1. Bund deutscher Mädchen : organisation hitlérienne pour jeunes filles *(NdT).*

Le manuscrit de 1959
Edda Göring

« Êtes-vous au courant que l'autoroute du Reich est fermée ?

— Non, pourquoi donc ?

— Vous devriez le savoir, pourtant : Edda apprend à marcher. »

Voilà une histoire drôle que l'on se racontait jadis en Allemagne. Vers 1939-1940. Enfant, Edda Göring était une vedette. Dans toutes les papeteries, on pouvait acquérir des cartes postales brillantes avec son portrait. Le jour de sa naissance — le 2 juin 1938 — fut célébré presque comme une fête nationale. Elle vit le jour dans un somptueux lit du Westsanatorium, dans la Joachimstalerstrasse, à Berlin. Hitler et la Luftwaffe de la Grande Allemagne furent ses parrains.

C'était il y a vingt-deux ans. Le bébé est devenu une jeune dame, mince, blonde et jolie. Elle habite avec sa mère au cinquième étage d'un grand immeuble d'habitation moderne au centre de Munich. Elle travaille dans le laboratoire d'un hôpital. Assistante médicale — tel est son nouveau but professionnel. D'abord, elle voulait devenir avocate. Mais au bout de deux semestres elle abandonna les études de droit.

« C'était trop aride pour moi, dit-elle.

— Avez-vous jamais eu des difficultés à cause de votre nom ? lui demandé-je.

— Non », assure Edda Göring.

Et, dans son cas, c'est vrai. Aujourd'hui, être la fille de Hermann Göring lui donne plutôt des avantages.

Par exemple, lors de son voyage en Espagne. Elle était invitée par un vieil ami de son père qui avait fait fortune pendant la guerre et s'était ensuite installé en Espagne. En Espagne, Edda fut présentée aux personnalités les plus haut placées. Elle fut invitée par le maire de Madrid et par le gouverneur de Grenade. Le gouvernement a même mis à sa disposition une voiture avec chauffeur.

« Voulez-vous voir Franco ? » s'enquit-on.

Un jour, elle voulut s'acheter une paire de lunettes de soleil ; le propriétaire de la boutique entendit par hasard son nom et lui demanda dans un allemand approximatif : « Vous être fille... du vrai Göring ?

— Oui.

— Alors lunettes ne coûtent rien. »

C'était en 1958 en Espagne.

« Et en Allemagne ? demandé-je.

— Nous avons beaucoup d'amis, ici aussi », dit Edda Göring.

Presque tous les ans, elle assiste au festival de Bayreuth. Elle n'adore pas seulement la musique de Richard Wagner, mais aussi un des chanteurs.

Au salon est accrochée une photo du jeune Hermann Göring. Il ne fait pas de doute qu'Edda ressemble à son père de façon frappante. La politique ne l'intéresse pas du tout. Elle exprime sa position en s'exclamant : « Si seulement papa n'était pas devenu homme politique, alors nous pourrions être tous ensemble ! S'il avait été fabricant de chocolat, par exemple, comme mon grand-père... »

Hermann Göring, que Hitler avait désigné comme son successeur, fut condamné à mort par le Führer, dans les derniers jours de la guerre. Il devait être fusillé au moment où Berlin tomba.

Mais cet ordre n'allait plus être exécuté. Göring fut seulement arrêté à Berchtesgaden et emmené par des SS en résidence surveillée au château de Mauterndorf, mais ce fut tout.

À Mauterndorf, ils étaient encore tous ensemble : Göring, sa femme, la petite Edda, son éducatrice, la cuisinière, une tante, une nièce, le chauffeur. Le 25 avril, ils quittèrent Mauterndorf avec plusieurs voitures et une montagne de bagages.

Sur la route de Zell am See, dans le village de Fischborn, le chauffeur s'arrêta brusquement. « Monsieur le maréchal du Reich, les Américains, annonça-t-il.

— Je dois vous faire prisonnier », dit l'officier américain poliment.

Göring fut emmené à Zell am See. Les premiers jours, sa famille eut le droit de rester auprès de lui. « J'ai un bon pressentiment », dit le maréchal du Reich à sa femme.

Mais son pressentiment le trompa. Six mois plus tard commença à Nuremberg le procès des vingt et un principaux criminels de guerre, et Göring était l'inculpé numéro un.

En juin 1945, les Américains mirent Emmy Göring, sa fille Edda, la nièce, la tante, l'éducatrice et la cuisinière dans un camion et les emmenèrent de Zell am See en Franconie — au château fort de Veldenstein. La montagne de bagages avait fondu en quelques valises. Malgré sa sciatique et malgré les seize heures de voyage, Emmy Göring garda tout le temps une boîte à chapeau sur les genoux. Or, la boîte ne contenait pas de chapeau mais tous ses bijoux, d'une valeur d'environ deux cent mille marks. Puis, à Veldenstein, arriva Minskow, un officier du CIC, qui lui expliqua sans détour : « Vous devez me remettre immédiatement vos bijoux. »

Minskow inscrivit tout sur une liste, pièce par pièce, en demandant chaque fois : « Et ça, c'est de qui ?

— De mon mari », répondait Emmy Göring la plupart du temps.

À la fin, l'officier tenait à la main une pièce en or russe.

« Elle est de qui, celle-là ?

— De Staline.

— Alors vous pouvez la garder. »

Plus tard, les Göring échangèrent cette pièce contre une saucisse.

Le 15 octobre, des policiers militaires vinrent chercher Emmy Göring pour l'emmener à la maison de réclusion de Straubing.

Edda, alors âgée de sept ans, fut installée au sanatorium de Neuhaus, avec l'éducatrice et la cuisinière. Des bonnes sœurs catholiques s'occupèrent de la petite fille aux longues boucles blondes.

Edda apprit à lire, à écrire et à calculer.

Le 24 novembre, deux Américains gigantesques descendirent d'une limousine vert olive et expliquèrent en anglais qu'Edda devait partir sur-le-champ avec eux. Il était 6 heures du soir, il faisait déjà nuit depuis longtemps et, en plus, il y avait du brouillard. Les deux soldats ne savaient pas un mot d'allemand.

Mais ils disposaient même d'un ordre écrit.

Edda monta à l'arrière de la voiture avec son nounours et une petite valise. De temps en temps, un des Américains se retournait et demandait : « Cold ?

— Non », disait Edda.

À minuit, ils arrivèrent à Straubing où Edda fut emmenée dans la cellule de sa mère.

« En fait, j'ai trouvé qu'on n'y était pas si mal », dit Edda Göring aujourd'hui. Elle dormait sur une couverture à carreaux, un cadeau que Mussolini avait jadis envoyé à Karinhall et qui avait une grande valeur de souvenir parmi les soldats des forces d'occupation en poste à la maison de réclusion de Straubing. Le 6 décembre, Edda eut même la visite de saint Nicolas. Un des prisonniers s'était déguisé et frappa à la porte de la cellule.

Edda récita un poème, et saint Nicolas la récompensa en lui donnant des petits bonshommes de pain.

Vers cette époque-là, l'accusateur adjoint américain, Ralph G. Albrecht, prit la parole devant le Tribunal militaire international de Nuremberg : « Nous nous tournons maintenant vers les faits concernant le conspirateur le plus important, peut-être, qui se trouve face à ce tribunal aujourd'hui, le nazi numéro deux : Hermann Göring. Un nazi qui était aux côtés du Führer, un nazi qui, à certains égards, était même plus dangereux que le Führer et d'autres dirigeants du parti. Nous déclarons qu'il était peut-être d'autant plus dangereux qu'il venait d'une bonne famille : il possédait une belle allure, des manières attirantes et une certaine loquacité. Mais toutes ces qualités étaient trompeuses... »

« Aviez-vous déjà des contacts avec votre mari, à ce moment-là ? demandé-je à Emmy Göring.

— Oui. J'avais reçu une lettre par un chemin plutôt aventureux. Le prisonnier qui distribuait les repas me l'avait passée dans ma cellule.

— La lettre a donc été transportée frauduleusement de la prison de Nuremberg à la maison de réclusion de Straubing ?

— Oui. »

Un matin, quatre mois plus tard — le 19 février 1946 —, le commandant de la maison de réclusion entra dans la cellule : « J'ai reçu hier l'ordre de vous remettre en liberté, vous et votre fille.

— En liberté, mais où irons-nous ? demanda Emmy Göring.

— Je ne sais pas. »

La femme du — jadis si puissant — maréchal du Reich, la femme qui avait régné sur Karinhall ne le savait pas non plus. Elle demanda donc : « Pouvons-nous rester encore quelques jours ? »

Le commandant consentit donc à les garder encore quelques jours. Mais au bout de douze jours, il réapparut dans la cellule : « Je vous donne encore une semaine ; après, il faudra que vous disparaissiez d'ici. »

Justement dans cette dernière semaine arriva à Straubing la journaliste américaine Peggy Poor, chargée par son journal de faire une interview exclusive d'Emmy Göring.

« Je ne donne pas d'interview, déclara la femme de l'accusé numéro un, sauf si vous pouvez me trouver un appartement. »

Peggy Poor pouvait. Elle trouva un logement pour les Göring et obtint en échange une interview.

C'est ainsi qu'Emmy et Edda Göring emménagèrent en mars 1946 dans une petite maison de chasse près de Sackdilling, dans la forêt de Franconie. Elles y sous-louèrent un appartement au garde forestier Frank et à sa femme.

Le village le plus proche était à une heure et demie de marche. Le médecin d'Auersbach certifia que la petite Edda était trop fragile pour parcourir quotidiennement le long chemin de l'école.

Emmy Göring décida donc de donner à sa fille des cours à domicile.

« Je devais apprendre par cœur beaucoup de poèmes, se souvient Edda. Des poèmes, des chansons et bien sûr la table de multiplication. »

Le procès de Nuremberg, qui durait déjà depuis près d'un an, entrait maintenant dans sa phase finale. La censure épistolaire avait été allégée, et le tribunal autorisa enfin les proches des principaux inculpés à leur rendre visite.

Du 14 au 29 septembre, les Göring habitèrent à Nuremberg, chez maître Stahmer, l'avocat de Hermann Göring. Tous les jours, sauf le dimanche, elles étaient autorisées à voir Hermann Göring pendant une demi-heure. Le septième jour, Edda eut pour la première fois le droit d'accompagner sa mère.

« Il ne faut surtout pas que tu pleures », inculqua Emmy à sa fille.

Edda obéit. Elle fit à son père des signes de main à travers la vitre, puis elle lui dit joyeusement : « C'est bien que j'aie le droit de te voir. » Göring avait perdu trente kilos en détention. Quand il se retrouva soudain face à sa fille, il perdit brièvement contenance et se mit à pleurer.

Derrière lui, les gardiens aux casques blancs se dressaient comme des piliers.

« Tu as grandi, dit Hermann Göring.

— Et je sais plein de poèmes. Tu veux que je t'en récite un ?

— Oui.

— "En rêve, je retourne en arrière et me revois enfant, récita Edda solennellement, je hoche ma tête de vieillard"... »

Le 29 septembre, les familles durent repartir. Un jour plus tard, Hermann Göring fut le premier des accusés à entendre la sentence : « *Death by hanging.* » La radio porta ces mots jusque dans la maison du garde forestier, près de Sackdilling.

Emmy Göring avait envoyé Edda se promener. Mais, évidemment, elle ne put lui cacher la sentence. Autrement, elle l'aurait sûrement apprise par des étrangers. Emmy Göring ajouta : « Le jugement ne sera probablement pas exécuté. Peut-être l'enverra-t-on sur une île... »

Des vingt et un principaux accusés du procès de Nuremberg, onze furent condamnés à mort. Dix furent pendus dans la nuit du 15 au 16 octobre 1946. Le jugement de Hermann Göring n'allait effectivement pas être exécuté. Il s'était procuré une ampoule de poison et se suicida la veille du jour où était prévue son exécution.

Edda demeura à Sackdilling jusqu'en 1948. Elle avait dix ans, maintenant, et elle n'avait pas encore connu une seule journée d'école. Emmy Göring lui donnait des cours selon un emploi du temps précis.

En juillet, les Göring quittèrent la maison du garde forestier pour s'installer dans un baraquement à Etzelwang, dans le Haut-Palatinat.

Emmy Göring se fit annoncer auprès de la directrice du collège de jeunes filles de Sulzbach-Rosenberg : « Je vous en prie, est-ce que vous pouvez prendre Edda dans votre école ?

— Où sont ses bulletins scolaires ? demanda la directrice.

— Edda n'a pas de bulletins scolaires.

— Alors je suis désolée.

— N'a-t-elle donc pas le droit de participer au concours d'entrée, sans bulletins scolaires ? »

Pour finir, Edda fut autorisée à participer au concours. Elle réussit brillamment. On lui tendit alors un dernier piège en lui demandant de réciter le « Notre Père » et les dix commandements. Quand il s'avéra qu'elle connaissait les deux, la directrice lâcha : « Il n'y a rien à faire, je vais être obligée de t'accepter... »

Au lieu de son premier bulletin scolaire, elle reçut un livre, comme récompense. La directrice s'en expliqua en disant : « Dans le bulletin, les notes seraient tellement excellentes que les autres parents pourraient nous reprocher de faire bénéficier la petite Göring d'un traitement de faveur. »

En 1951, Emmy Göring trouva un appartement dans la Tengstrasse, à Munich. Elle alla voir le directeur de l'école Sainte-Anne et lui demanda de bien vouloir inscrire sa fille.

« Quel est votre nom, s'il vous plaît ?

— Emmy Göring. »

Le directeur de l'école leva les yeux d'un air surpris. « Que vont dire les autres enfants ?

— Rien, supposa Madame Göring. À Sulzbach-Rosenberg, ils n'ont rien dit non plus. »

C'est ainsi qu'Edda Göring entra en cinquième au collège Sainte-Anne, et elle resta dans la même école jusqu'au baccalauréat.

« Edda était une élève modèle dès le premier jour, me raconte une camarade de classe. Elle n'est jamais arrivée en retard. Elle n'a jamais oublié un cahier ou un devoir. Réprimande ou retenue, pour Edda, c'étaient des mots d'une langue étrangère. »

Une seule fois, en quatrième, elle eut un 4[1] à un contrôle de latin.

Quand on déclamait des drames classiques, à l'école, Edda lisait toujours le premier rôle. Celui de Maria Stuart ou d'Agnès Bernauer, par exemple. Le nom de Hermann Göring ne fut guère mentionné en cours d'histoire. Le professeur s'arrêta à la Première Guerre mondiale. Le commentaire sur le Troisième Reich était limité : « Je n'ai plus le temps de traiter de cette période. Vous lirez cela chez vous dans le manuel. »

« Croyez-vous que c'était par égard pour Edda Göring ? demandé-je à l'ancienne élève du collège Sainte-Anne.

— Oui, certainement. »

D'une manière générale, on ménageait beaucoup la jeune fille aux boucles en tire-bouchon. Pas seulement en cours d'histoire. « Nous ne parlions jamais du passé, à l'école, dit Edda. De toute façon, la politique était taboue. »

En cours de danse classique, elle fut même très nettement avantagée : le professeur l'invitait souvent à danser avec lui en solo.

Une entreprise proposa de lui offrir une moto. Gründgens[2] l'invita au théâtre de Düsseldorf...

En 1958, elle passa son baccalauréat. Brillamment,

1. En Allemagne, le système de notes va de 1 à 6, la meilleure note étant le 1 *(NdT)*.

2. Gustav Gründgens, célèbre comédien qui s'était compromis avec le régime nazi *(NdT)*.

bien sûr. Le sujet de la dissertation était une phrase de Theodor Heuss : « L'oubli est à la fois une grâce et un danger. »

« Ton chemin sera difficile, avait écrit Hans Frank à son fils Normann, puisque tu portes mon nom... »

Ce sombre pronostic d'un homme qui fut pendu à Nuremberg ne s'applique pas à Edda Göring. Au fond, elle est restée l'enfant gâtée qu'elle a été depuis sa naissance.

« Farah Diba a reçu 16 000 télégrammes à la naissance de son prince héritier, dit Emmy Göring. À la naissance d'Edda, il y en a eu 628 000 ! »

Un tour de la ville de Munich en l'an 2000

C'est resté un tabou pendant longtemps : quel est le destin d'un enfant de national-socialiste, d'un criminel, d'un meurtrier ? Comment en vient-on à bout ? Quelle est la souffrance qu'on endure ? Ou, pour poser la question autrement : les fils ou les filles d'un nazi sont-ils eux aussi des victimes ? On pourrait dire que les enfants de nazis se trouvent au point de jonction entre les coupables et les victimes. La position du coupable les concerne en ce qu'ils doivent prendre position par rapport aux actes de leurs pères. Nous devons nous demander : sont-ils pareils, deviennent-ils pareils, pensent-ils comme leurs pères ? Et ne sont-ils pas victimes dans la mesure où ils sont poursuivis toute leur vie par une malédiction dont au fond ils ne sont pas responsables directement ?

En Allemagne, on a longtemps écarté ce sujet parce qu'on sentait que s'y intéresser reviendrait à transformer instantanément le passé en avenir. Mais même à l'étranger, on était souvent fermé à ce genre de questions. Lorsque le psychologue Dan Bar-On publia à la fin des années 80 en Israël ses conversations avec des enfants de nazis, il dut affronter des réactions très hostiles. La critique se focalisa sur les questions suivantes : comment peut-on, en tant que Juif, avoir une approche aussi émotionnelle des criminels nazis ? Une approche qui a peut-être pour résultat de provoquer de la pitié pour leurs enfants ? Comment peut-on montrer des Allemands en victimes ?

Quand parut la série d'interviews de mon père, il y eut beaucoup de lettres de lecteurs qui, d'ailleurs, furent publiées. Quelques-unes sont accusatrices : Pourquoi raconte-t-on de façon aussi touchante les histoires des familles de nazis, au lieu de se consacrer au destin des victimes ? Erich Bragenheim écrivit de Verden sur l'Aller : « ...est-ce vraiment nécessaire que vous nous décriviez la manière dont les enfants des anciens fossoyeurs de l'Allemagne vivent aujourd'hui ? Chez les victimes des parents de ces enfants, vous n'avez fait que rouvrir des plaies inutilement. D'ailleurs, on s'aperçoit d'une manière générale que ces enfants occupent aujourd'hui de nouveau de bonnes positions, qu'ils sont en partie restés fidèles à l'ancienne idéologie, tandis que les enfants des victimes mènent en grande partie une existence misérable et n'ont pas pu atteindre des positions clés. » Mais il y eut aussi beaucoup de réactions différentes. Barbara Fischer écrivit par exemple de Bonn : « Je lis votre reportage en feuilleton avec beaucoup d'intérêt... et je songe avec les plus grands regrets aux filles Goebbels qui ont été tuées par leurs parents. Elles pourraient vivre aujourd'hui comme Edda Göring, comme les fils Frank ou cette "cinglée" qu'est la fille Himmler... » Et Madame Otto écrivit de Hanovre : « Docteur Jürgen Fijalkowski voudrait se désabonner de votre journal parce que vous publiez l'histoire de quelques enfants de grands dignitaires nazis qui gagnent aujourd'hui leur vie honnêtement et qui, à l'époque où leurs pères avaient le pouvoir, n'avaient même pas conscience de ce que leurs pères faisaient. Vos lecteurs feraient mieux de se scandaliser de la vie de fille facile que mène BB. » Dans un des numéros précédents, il y avait eu un assez long papier sur Brigitte Bardot.

La série d'articles intitulée « Puisque tu portes mon nom » se termina en 1960. La partie sur Edda Göring s'achève sur un constat inouï : elle dit que le nom de

Göring l'a toujours servie, que cela avait été un privilège de porter ce nom en Allemagne. Elle le dit quinze ans après la fin de la Seconde Guerre mondiale, quatorze ans après le suicide de son père, Hermann Göring, commis quelques heures avant le moment fixé pour son exécution. Et, à l'époque, elle donne des raisons : les Allemands aimaient bien son père, d'après elle, puis il y a les bons contacts qu'il avait entretenus avec l'étranger et dont elle pouvait profiter encore plusieurs décennies après, et parfois, ajoute-t-elle, c'est ce genre de petits agréments qui rend la vie agréable, par exemple les places pour les premières du festival de Bayreuth ; la famille Wagner ne l'a pas oubliée, se réjouit-elle. (Un jour, il vint aux oreilles de Wolf-Rüdiger Hess qu'on envoyait de manière presque routinière des places à Edda Göring. Il demanda alors à la famille Wagner si cela ne valait pas aussi pour lui, le fils de l'adjoint de Hitler. Bien sûr, lui répondit-on. Depuis, il reçoit lui aussi des places.)

Mais il est certes douteux qu'il fût toujours avantageux de s'appeler Edda Göring : il est frappant de voir que les enfants qui n'ont jamais pris leur distance avec leur père, comme Wolf-Rüdiger Hess ou Gudrun Himmler, déclarent aussi, jusqu'en l'an 2000, qu'ils n'ont fait que profiter de l'héritage de leur père. Il semble y avoir un rapport entre les deux phénomènes : ceux qui adorent leur père passionnément tirent de la prétendue importance et de l'ancienne gloire du père une bonne partie de leur assurance, et n'arrivent pas à reconnaître que la biographie de leur famille constitue en réalité un lourd fardeau. Quand on a construit toute sa vie sur cette vision des choses, comment pourrait-on reconnaître un tel point faible ? Alors on se fabrique un monde dont les fenêtres sont si petites que le regard ne tombe que sur ce qu'on veut voir absolument, et, si possible, tous les jours.

Edda Göring a sans doute arrangé son existence ainsi. Elle vit toujours à Munich, toujours dans le petit appartement du quartier de Lehel où elle a vécu avec sa mère,

Emmy Göring, jusqu'à la mort de celle-ci. Beaucoup de photos ornent les murs de cet appartement. Des photos et aussi des portraits peints de son père et de sa mère. Les gens qui connaissent cet appartement disent qu'on pourrait aussi parler d'un musée Göring. Aujourd'hui, elle a soixante-deux ans, elle est restée seule, ne s'est jamais mariée. Dans son entourage, on évoque une possible liaison, elle aurait été très proche d'un journaliste qui se serait intéressé passionnément à l'histoire de la vie de son père. Quelqu'un, donc, qui ne voulait pas traîner son père dans la boue mais qui, comme elle, l'admirait.

Je ne sais pas si j'aurais interrogé Edda Göring sur ces détails de sa vie privée — probablement oui. Cela m'aurait captivé. La manière, par exemple, dont une relation, une amitié profonde fonctionne quand il y a un gros cadavre dans le placard, pour le formuler un peu négligemment. D'autres gens s'éprennent de quelqu'un qui a les mêmes intérêts, le même goût, qui aime les livres et le théâtre ou le sport, les choses qui leur importent à eux-mêmes. Quand on s'appelle Madame Göring, est-ce qu'on tombe de préférence amoureuse de quelqu'un qui estime l'être le plus important de votre vie, le père, autant qu'on l'estime soi-même, ou du moins qui comprend cet attachement ?

Sur toutes les questions de fond, elle s'est déjà exprimée très clairement. Dans une interview avec le magazine *Quick*, en 1986, elle dit : « Encore aujourd'hui, je me sens liée à mes parents par un amour profond. Grâce à l'amour et à la sollicitude de mes parents, j'ai eu une enfance heureuse. Mon père s'est occupé de moi de manière adorable. J'ai un bon souvenir de lui. » Ainsi, elle se souvient des jours où le « cher parrain » Adolf Hitler venait les voir. Edda Göring raconte : « Parce qu'on mettait les petits plats dans les grands, je me rendais compte, moi qui étais encore une petite fille, qu'il devait s'agir de quelqu'un d'important. Il m'apportait toujours des bonbons à la réglisse que j'aimais beaucoup et qu'il faisait acheter spécialement pour moi. » À propos des manières extravagantes et de la garde-robe voyante de son père, elle dit : « Mon père aimait bien l'excentricité, c'est tout. Peut-être était-il même un peu en avance sur son temps, dans sa façon de s'habiller — songez un peu à la manière fantaisiste dont les jeunes gens s'habillent aujourd'hui. »

Dix ans plus tard, elle déclara au journaliste américain Gerald Posner : « Vous savez maintenant ce que je ressens. Je l'aime beaucoup, et on ne peut pas attendre de moi que je le juge de quelque façon que ce soit. Il était un bon père, pour moi, et il m'a toujours manqué. C'est tout ce que vous devez savoir. »

Tout ce qui a été raconté et écrit sur elle laisse penser qu'elle est trop intelligente pour mettre en doute les crimes du national-socialisme. Elle a parlé à plusieurs reprises de cette époque horrible, des « souffrances indicibles que beaucoup d'êtres humains ont dû endurer sous le régime de Hitler ». Mais elle ne semble jamais avoir éprouvé un sentiment personnel d'injustice, en pensant à tout le mal qui a été fait au nom de Göring et consorts. Ainsi, elle continue à considérer comme une violation du droit le fait qu'on ait confisqué tous les biens de sa famille, après la guerre. Et des biens, il y en avait pas mal car Hermann Göring, à la façon d'un chevalier brigand, avait amassé des richesses considérables, surtout sous forme de trésors artistiques. Par exemple, le papa avait ordonné à la ville de Cologne d'offrir à sa fille à sa naissance, en 1938, un tableau de Lukas Cranach intitulé *Madone avec enfant*. Dans un procès qui se prolongea pendant des décennies, sa fille Edda attaqua avec acharnement la ville de Cologne pour que celle-ci lui rende le tableau (valeur estimée approximative : cent mille marks). Puisque l'œuvre lui appartenait... Finalement, elle perdit le procès. Le motif du jugement paraît évident : papa Göring n'avait pas acquis légalement le magnifique tableau.

Dans son livre *Belastet* (« À charge »), Gerald Posner compara Edda Göring à Wolf-Rüdiger Hess concernant un point précis : leur colère farouche envers le tribunal de Nuremberg, leur haine profonde de toutes les idées et valeurs venant des États-Unis. Comme Hess, Edda Göring considère que l'Allemagne se laisse beaucoup trop influencer par les États-Unis, et qu'elle se protège d'une manière très insuffisante contre tout le mal, les drogues, la prostitution, la misère touchant de larges couches de la population, qui débordent l'Amérique et arrivent chez nous. On pourrait aussi le formuler autrement : au goût d'Edda Göring et de Wolf-Rüdiger Hess, l'Allemagne fait trop peu de politique allemande. Et l'on aurait sans doute leur assentiment si l'on ajoutait : tout à fait dans l'esprit de leurs pères.

Hess, Schirach, Bormann, Göring, Himmler. Et, au-dessus de tous, toujours, Adolf Hitler. Ces hommes-là formaient l'équipe dirigeante du national-socialisme allemand, ils s'aimaient bien ou ne s'aimaient pas, rivalisaient auprès de Hitler pour obtenir reconnaissance et pouvoir, et, quelquefois, ils se combattaient ouvertement. Le réseau de leurs relations continue parfois à jouer un rôle dans la vie des enfants. Qui a été l'ennemi de mon père sera aussi le mien. En plus, presque tous les enfants, en dehors de Martin Bormann et de Niklas Frank, se sont fabriqué leur propre image historique du père, du genre : lui n'était pas méchant, un peu trop fidèle au Führer, peut-être, mais les méchants, c'étaient les autres. Edda Göring a déclaré une fois qu'il était certes incomparablement plus difficile d'être la fille d'un Heinrich Himmler que celle d'un Hermann Göring. Et elle ajouta — ce que les autres revendiquent sans doute aussi pour leurs pères — que son père n'avait jamais été antisémite, qu'on avait clairement prouvé le contraire. Il avait été très gentil, par exemple, avec tel ou tel Juif...

Edda Göring a refusé de s'entretenir avec moi. Elle m'a fait savoir qu'elle se souvenait encore très bien de l'entretien qu'elle avait accordé à mon père, quarante ans auparavant, et qu'elle avait précieusement gardé l'article paru à l'époque, mais qu'elle n'était pas disponible pour une longue interview en ce moment. Et elle a demandé qu'on lui fiche donc la paix et qu'on s'occupe plutôt des survivants de la dictature de la RDA, sujet autrement plus actuel et plus intéressant.

Je ne peux pas dire que j'aie été particulièrement triste en apprenant que cette rencontre n'aurait pas lieu. J'avais senti une énorme lassitude à l'idée de me retrouver de nouveau face à quelqu'un qui a si bien verrouillé sa porte qu'on n'a même plus envie de frapper. Voilà une des conclusions que j'ai tirées de mes visites chez les enfants de nazis : les uns mènent une vie pétrifiée, les autres — qui admettent le doute, la colère, l'impuissance, la vérité — ont commencé quelque chose qu'on pourrait peut-être appeler une danse sur le trapèze, sans filet, au-dessus d'un vide béant. Une danse dont personne ne sait quand ni comment elle se terminera.

À Munich, on pourrait entreprendre un tour de la ville qui mènerait dans le passé. Dans le sympathique quartier de Lehel, en plein centre-ville, vit Madame Göring, non loin vit Monsieur von Schirach. Dans une banlieue à l'ouest de la ville habite Monsieur Hess. Et dans la banlieue de Neuried se trouve Madame Burwitz, née Himmler. Cette concentration n'a sans doute pas de raison particulière. Il faut dire que Munich était la capitale du mouvement, et, quand une famille s'installe quelque part, c'est souvent pour assez longtemps. C'est aussi vrai à Munich qu'ailleurs. Mais peut-être le climat de cette ville sympathique et calme où l'on peut vivre tranquillement, sans être embêté par personne, y est tout de même pour quelque chose. En plus, et cela ne gâche rien, on peut de temps en temps se rendre à un des nombreux lieux chargés d'histoire, où beaucoup de choses ont commencé.

À vingt kilomètres de Munich, environ, se trouve la

petite ville d'Ebenhausen. La ville est reliée à Munich par un train de banlieue, il y a beaucoup de verdure, un grand supermarché, un foyer pour personnes âgées, de jolies maisons individuelles. Beaucoup de gens aiment bien vivre ici parce que la grande ville n'est pas loin. Ici habite Karl-Otto Saur avec sa famille, la jolie villa avec jardin est aussi le siège de son entreprise de communication. Ici, dans son bureau, nous nous entretenons deux après-midi durant. Chaque fois il fait déjà nuit lorsque je prends le chemin du retour.

Karl-Otto Saur junior raconte qu'il a essayé à plusieurs reprises, dans le cadre de son travail de journaliste, d'écrire sur son père et lui : comment se sent-on en tant qu'homme de gauche éclairé quand on a un grand responsable nazi dans la famille ? En 1987, il fut chargé par le *Süddeutsche Zeitung* de regarder tous les épisodes du film américain *Holocauste*, que la télévision montra en avant-première à quelques journalistes. Une autre fois, il était membre d'un jury qui devait juger différents films et documentaires traitant du Troisième Reich pour la télévision. Saur dit qu'il se souvient encore très bien à quel point ces expériences l'avaient bouleversé. Dès qu'il s'était trouvé dans le train de retour pour Munich, il avait commencé à écrire l'histoire de sa famille : « Je me suis dit : ça y est, maintenant, je le fais. » Et, en effet, il écrivit, sur le film télévisé, sur certains aspects du festival, mais rien sur son père et lui. Il dit qu'il ne sait pas exactement pourquoi il ne l'a toujours pas fait, jusqu'à aujourd'hui. Il dit que, sans doute, la peur « qu'un tel papier puisse paraître vaniteux » a-t-elle joué. « Ça, je ne le voulais pas », conclut-il.

La vanité ? Peut-être fut-ce et est-ce une des raisons. Mais peut-être est-ce aussi un pressentiment qui le fit hésiter à rendre public cette histoire, peut-être sentait-il qu'il ne fallait pas trop approcher le sujet si l'on n'était pas très sûr de pouvoir encaisser le choc.

Karl-Otto Saur me raconte l'histoire de la petite boîte

à cigares. La famille Saur était pauvre, après la guerre, extrêmement pauvre. Leurs repas quotidiens étaient faits de bouillie de semoule et de soupe à l'orge mondé, l'achat d'un cornet de glace chez le boulanger constituait déjà un événement. On n'avait jamais de vêtements neufs, il fallait porter les affaires usagées de ses frères et sœurs plus âgés. Jusqu'à aujourd'hui, c'est un problème pour lui, dit Karl-Otto Saur : on mange ce qu'il y a, on ne jette jamais d'aliments, bien sûr, sauf si la date de péremption est passée. Saur sourit un peu en évoquant ces problèmes. Il dit qu'il est facile d'imaginer que cette attitude a régulièrement provoqué quelques difficultés dans ses relations avec ses enfants et petits-enfants. « J'essaie bien sûr de changer, mais on ne peut pas attendre trop d'un vieil homme. »

C'était au début des années 50, Karl-Otto, né en 1944, avait tout juste six ou sept ans. Un jour, il trouva une boîte de cigares dans un placard. À l'intérieur, il y avait des médailles en fer portant le nom de son père. Et des photos de son père en uniforme, au centre de l'image, entouré de gens qui lèvent les yeux vers lui. Sur certaines photos, on voyait un homme à moustache qui s'appelait Adolf Hitler. « Je me souviens très bien de ce que j'ai ressenti en regardant ces objets. Cela ressemblait à de la fierté : dans le temps, mon père a été un homme important, il y a eu une époque où nous n'étions pas pauvres. » Saur dit qu'il avait eu de son père une image toute différente, jusque-là : il voyait en lui un homme qui gagnait trop peu d'argent, vers qui personne ne levait les yeux, un perdant, un loser. « Je me souviens que je me suis senti un peu plus important, en trouvant ces vieux objets. »

Il l'a donc mémorisé, apparemment ce sentiment s'est gravé dans sa mémoire. Car, rétrospectivement, ce sentiment lui a fait peur. Cela pourrait devenir un danger : on s'intéresse au père, on le hait, on le condamne, peut-être en public — et par cela même, on se sent plus important.

Ainsi, d'une certaine façon, votre propre identité serait entre autres déterminée par le fait que votre père se trouvait fréquemment dans l'entourage d'Adolf Hitler. Au fond, Karl-Otto Saur a senti le danger contre lequel Wolfgang Schmidbauer met en garde : un homme avec une telle histoire familiale doit veiller à ce que la figure du père ne devienne pas dominante dans sa propre âme.

Karl-Otto Saur père était ce qu'on appelle aujourd'hui un manager, un homme d'action. Dans les années 20, il était arrivé au groupe Thyssen, après que l'entreprise familiale, à Fribourg, eut fait faillite durant la crise économique mondiale. À l'intérieur du groupe Thyssen, il avait vite gravi les échelons. Et le nouveau parti, le NSDAP, l'avait immédiatement séduit. Il y adhéra en 1931 et devint membre dès le début de l'Association nationale-socialiste des techniciens allemands ; il finit par s'installer à Munich pour devenir la main droite du futur ministre de l'Armement Fritz Todt. Lorsque Todt mourut dans un mystérieux accident d'avion et que l'inspecteur général des travaux publics Albert Speer lui succéda, Saur devint son adjoint. Les chefs étaient toujours très contents de lui, il rendait un travail parfait. Tous chantaient ses louanges, vantaient son talent d'organisation, sa faculté d'obtenir des gens ce qu'il voulait. Dans son testament politique, Adolf Hitler destinait Saur à succéder à Speer comme ministre de l'Armement. Tous ceux qui se trouvaient sous les ordres de Saur se montraient moins enthousiastes. Il passait pour être coléreux, brutal, fou de pouvoir.

Il s'est toujours occupé de tout. De relancer l'armement, d'organiser l'arrivée de nouveaux travailleurs forcés qui, souvent, ne revenaient pas vivants. Karl-Otto Saur faisait donc partie de ceux dont les activités ont été à l'origine de tant d'horreurs qu'elles sont toujours d'actualité soixante ans plus tard. La discussion actuelle sur les dédommagements qui seront finalement versés par l'industrie et le gouvernement allemands est très liée au nom de Karl-Otto Saur.

Pour son fils, il est très clair que son père se serait occupé de n'importe quelle tâche, qu'il aurait organisé tout ce qu'on lui aurait demandé. Tout, y compris des camps de concentration. Si les crimes de son père n'ont pas été pires encore, c'est donc plutôt par hasard. L'ampleur de sa participation aux crimes est pourtant immense. « Il a certainement beaucoup de sang sur les mains », dit mon ancien collègue. Au début des années 90, lorsqu'on a ouvert l'accès aux archives, Saur junior est allé à Berlin pour étudier les décrets et les ordres qui régulaient vers la fin de la guerre l'afflux des travailleurs forcés. En bas de quelques-uns de ces papiers « se trouvait la signature de mon père, dit-il. J'ai reconnu sa signature. Ce n'était pas une surprise, pour moi, d'être confronté ainsi à la responsabilité de mon père mais, au moment où j'ai vu son écriture, cela m'a tout de même fichu un coup. »

Son père fut arrêté en 1945 par les Américains. Or, au début, ils ne prévoyaient pas de lui faire un procès. Ils avaient d'autres projets avec ce personnage qui connaissait la machinerie nationale-socialiste de l'intérieur. Ils lui firent une proposition : tu nous dis ce que tu sais et tu joues pour nous le témoin principal contre le grand industriel Krupp et, en échange, nous te laissons largement en paix. Saur accepta, et son témoignage permit la condamnation de Krupp. Les Américains voulaient montrer, à travers un procès exemplaire, l'implication de l'industrie allemande dans les crimes nazis.

En 1948, Karl-Otto Saur père sortit des camps de prisonniers américains. Pour l'industrie allemande, il était le grand traître, et une chose était claire : avec un type comme Saur, il n'était plus question de faire des affaires. Ses anciens collègues du ministère de Speer avaient tous de belles carrières devant eux : Dorsch, Hettlage, Mommsen, Schlieker et *tutti quanti*. Ça aurait pu faire un joli reportage, ça aussi, pensa Karl-Otto Saur junior en rentrant chez lui, « l'histoire du succès des anciens collaborateurs de mon père ». Ce serait assez instructif sur l'Allemagne de l'après-guerre. Mais, pour un fils, ce n'est pas très facile à écrire. On pourrait y voir l'accusation d'un fils dont le père n'a pas réussi à refaire carrière après la guerre.

Le vieux Saur ne connut plus de succès professionnel jusqu'à sa mort, en 1966. Il créa une agence d'ingénieur, une petite maison d'édition, rien ne marcha. La maison d'édition n'eut de succès que lorsque le fils aîné, Klaus, la reprit. Aujourd'hui, les éditions K.G. Saur ont bonne réputation. Ces dernières années y ont paru beaucoup de travaux de recherche sur l'Holocauste et sur les crimes des nationaux-socialistes. D'un point de vue économique, la maison d'édition n'est pas rentable. « Si vous voulez, dit Klaus, c'est une sorte de réparation, pour moi. »

La famille Saur n'a jamais parlé du passé. Les enfants n'ont pas posé de questions à leur père. « Avec mon père, cela aurait été impossible, totalement exclu », dit Karl-Otto Saur. Avec la mère, ce n'était pas possible non plus, « elle ne sortait que des paroles creuses, comme "où il y a de la lumière, il y a aussi de l'ombre", des conneries comme ça ». Le silence régna jusqu'à la mort. « Pour moi, mon père était surtout un père et, en tant que père, il était mauvais », dit-il. Et un père lâche, qui plus est. Il avait une liaison avec sa secrétaire qui lui resta fidèle jusqu'à sa mort. Le mariage avec la mère de ses enfants n'était qu'une façade qu'il conserva devant elle et les autres pendant toutes ces années.

Dans les conversations avec lui, il y avait un moment où l'on avait l'impression que le silence se faisait dans la pièce et que plus rien n'existait en dehors de cette pièce. Chez Karl-Otto Saur, cela peut arriver aussi : quand il évoque la part de son père qu'il sent en lui. D'après lui, le ressort qui faisait marcher son père était un opportunisme sans bornes. « Et cet opportunisme-là, je le sens aussi en moi. Il y a eu des situations, dans ma vie professionnelle, où je l'ai senti tellement fort qu'ensuite j'ai fait exactement l'inverse de qu'il me poussait à faire, simplement pour ne pas être comme lui. »

Karl-Otto Saur n'a pas choisi une voie facile. Il dit qu'il s'est parfois demandé comment il aurait agi, à l'époque, à la place de son père, sous la dictature. Et qu'il n'a pas trouvé la réponse. Il dit qu'il ne sait pas non plus ce qu'il aurait fait si les Américains avaient puni son père beaucoup plus durement, s'ils l'avaient condamné à une longue peine de prison, par exemple, comme Speer. Aurait-il alors pris ses distances, aurait-il rompu avec lui ? « Probablement que non », dit-il, en ajoutant : « Bien que je n'aie pas aimé mon père, du moins je le crois. J'ai eu tôt le sentiment d'être seul au monde. Quand il est mort, je n'ai pas pleuré. »

Il raconte que, dans les rédactions où il a travaillé, il s'est souvent demandé ce qu'auraient fait ces collègues, à l'époque. Qui aurait été nazi ? Qui aurait commis des crimes ? Qui aurait été un « suiveur » ? Il ne peut plus se débarrasser de ce regard. Peut-être est-ce aussi la raison pour laquelle succès et carrière n'ont jamais été des notions qu'il considérait comme importantes pour avoir une « vie heureuse ». Il dit — propos inhabituellement sentimentaux, pour lui — qu'il n'a jamais eu qu'un seul but, dans la vie : se comporter mieux avec ses enfants que son père ne l'avait fait, « Je voulais avoir avec mes enfants un contact chaleureux, ouvert, critique, aussi. Il s'agissait pour moi surtout d'une chose : je veux qu'ils sachent que, peu importe ce qui arrive, je suis là pour eux. »

Le sujet du père est-il devenu moins important ou plus important, avec les années ? C'est étonnant, dit Karl-Otto Saur, « mais cela devient de plus en plus important. Plus je vieillis, plus j'y réfléchis ». C'est pour cela que la revendication de mettre un terme au travail sur le passé n'a pas de sens. « C'est le contraire qui est vrai : peu à peu, tout cela commence à être suffisamment loin pour qu'on puisse enfin raconter les vraies histoires. »

Comme je l'ai noté plus haut, quand je rentrais chez moi, il faisait toujours nuit. Aujourd'hui, quand je repense à ces conversations, j'ai toujours une image devant les yeux : un homme, entouré de balances, qu'il a ajustées au fil des ans, afin de ne pas perdre l'équilibre.

Le manuscrit de 1959
Les frères von Schirach

Le jeune homme regarde d'abord fixement la vitrine. Puis, d'un pas hésitant, il entre dans l'élégante parfumerie.

« Vous désirez ? lui demande une vendeuse blonde vêtue d'un manteau de soie bleu clair.

— Un pain de savon, dit le jeune homme.

— Pour une dame ?

— Non, pour un monsieur — quelque chose de luxueux, s'il vous plaît. »

La vendeuse blonde lui présente un grand choix d'articles.

Des savons allemands, anglais, français. Il en écarte quelques-uns d'emblée. Ce sont ceux qu'il a achetés les années précédentes, et il voudrait offrir chaque année un savon différent. Il finit par choisir un savon anglais de couleur marron clair, enveloppé dans une luxueuse boîte en bois de santal.

Lentement, le jeune homme remonte le Kurfürstendamm. Il marche contre le flot des passants. La plupart des gens ont laissé leur manteau à la maison, aujourd'hui. C'est le printemps, à Berlin. Le ciel est bleu pâle, le soleil brille et les lilas sont en fleur.

Seules les perspectives politiques, une fois de plus, sont noires. Le sommet des Alliés, à Paris, a échoué avant même d'avoir commencé. Khrouchtchev a proféré de sombres menaces. A Berlin, les journaux du matin ont paru avec de gros titres inquiétants en couverture.

La ville est nerveuse.

Probablement, ils vont confisquer la petite boîte en bois de santal, pense le jeune homme. Le bois de santal est certainement interdit. Seules deux sortes de cadeau sont autorisées : des savons et des pipes.

Ses deux frères apportent toujours des pipes. Lui et sa sœur sont chargés des savons. Il faut bien varier un peu.

Comme toujours, il se sent oppressé en tournant au coin de la Wilhelmstrasse. Il s'avance d'un pas hésitant et s'arrête devant la grosse bâtisse en brique rouge avec des tours et des créneaux. La porte grise est fermée. Les fenêtres sont grillagées. Derrière les murs d'un mètre d'épaisseur, hérissés d'éclats de verre, se trouve une barrière de fer ; entre les deux court une ligne de haute tension. Les miradors sont occupés jour et nuit.

Depuis quatorze ans, la forteresse de Spandau est placée sous l'ordre des Alliés. Ici fonctionne ce qui a échoué au sommet de Paris : Russes, Américains, Anglais et Français tirent sur la même corde. Chaque nation donne un directeur de prison et une compagnie de gardes. S'y ajoutent deux cuisiniers, un coiffeur, vingt gardiens et vingt-sept autres employés.

Des trente-trois cellules de la forteresse de Spandau, trente sont vides. L'énorme machinerie n'est maintenue en état de marche que pour trois prisonniers. D'après le règlement de la prison, ils n'ont pas de noms, seulement des numéros. Le numéro un est le chef de la jeunesse du Reich, Baldur von Schirach, le numéro cinq est le ministre de l'Armement de Hitler, Albert Speer, le numéro sept est l'adjoint de Hitler, Rudolf Hess.

Chacun des trois prisonniers dispose d'une cellule de trois mètres sur quatre. Chacun est conduit quotidiennement dans la cour où il a le droit de faire 1 500 pas. Chacun est autorisé une fois par semaine à écrire une lettre de 1 300 mots. Et chacun a le droit de recevoir une visite une fois par mois.

Les cloches de l'église Melanchthon sonnent 9 heures. Le jeune homme traverse la Wilhelmstrasse et se dirige vers la bâtisse en brique rouge. Quelques passants se retournent sur lui avec intérêt.

« Je suis Robert von Schirach », dit le jeune homme au gardien placé à la porte, et il sort de son portefeuille une autorisation écrite. « Je voudrais parler avec mon père. »

Comme toujours commence alors une longue procédure au terme de laquelle Robert von Schirach met sa signature au bas d'un protocole et s'engage ainsi à ne pas donner la main à son père, à ne pas faire de gestes, à ne pas parler de politique et à respecter le temps de la visite, qui est d'une demi-heure.

Pendant que Robert signe, un gardien allié ouvre la cellule de Schirach. « Numéro un, vous venez avec moi. Jour de visite. »

Lorsqu'on emmène Robert dans la pièce où a lieu la visite, son père y est déjà assis. Une large table constitue la barrière entre les deux. Un soldat fait les cent pas dans la pièce. Le soldat est alternativement américain, anglais, français ou russe. Il compte les minutes.

Après trente minutes, il sépare le prisonnier aux cheveux blancs de son fils.

« Au revoir, paps.

— Au revoir, Robs. »

Ils ne se reverront que dans six mois.

Robert von Schirach a vingt-deux ans, aujourd'hui. Il travaille dans une grande imprimerie à Trossingen. Son patron est un ancien adjudant de son père. Robert est ce qu'on appelle un jeune homme à succès. Il gagne bien sa vie, dispose d'une voiture de fonction et passe le plus gros de son temps de loisir à cheval. Il participe à des tournois et rêve de devenir fermier en Afrique.

Il a trois frères et sœur. Angelika vit à Hambourg, elle

est peintre. Le frère aîné de Robert, Richard, travaille comme avocat stagiaire à Munich, Klaus est encore au lycée. Ils se répartissent les douze visites à Spandau entre eux. Les lettres de Schirach sont adressées à Angelika. Il consacre un paragraphe particulier à chacun de ses enfants. Angelika découpe les lettres en bandes qu'elle envoie aux autres.

« Cher Robert, écrit-il dans une de ses dernières lettres, ce que tu m'écris à propos de ta cheville ne me satisfait pas du tout. Tu vas faire faire immédiatement des radios, entends-tu ? Si tu ne consultes pas sans tarder un médecin, je ne t'écrirai plus jamais un mot. Tu n'as pas idée des complications qui pourraient en résulter si tu ne t'occupes pas de cette cheville maintenant. Sans vouloir dénigrer les "soins affectueux" de ta partenaire de danse : un médecin énergique et beaucoup de plâtre valent bien mieux, pour toi... »

« De quoi parlez-vous, à Spandau, quand vous vous trouvez en face de votre père pendant une demi-heure ?

— Comme, dans la mesure du possible, il s'intéresse beaucoup à nos hobbies, le contact s'établit tout de suite, dit Robert von Schirach. Nous parlons beaucoup de chevaux. Avec mon frère Richard, il parle de trompette. Et avec Angelika, bien sûr, il discute de sujets artistiques.

— Comment peut-il continuer à se tenir au courant de toutes ces choses, en prison ?

— Les prisonniers peuvent consulter des livres en nombre illimité. Mon père lit beaucoup.

— Sur la trompette, aussi ?

— Sans doute.

— Un visiteur de la prison des criminels de guerre de Spandau doit d'abord se soumettre à beaucoup de mesures de précaution. Quelles sont-elles ?

— Je ne peux rien vous en dire, répond le jeune Schirach. Nous devons nous engager à ne divulguer aucune information sur des détails internes.

— Que risquez-vous ?

— Je n'aurais plus de droit de visite. »

Jusque-là, cette loi du silence a parfaitement fonctionné. Seules quelques rares informations sont sorties de la forteresse de Spandau et ont été rendues publiques. Les informations que l'on donne aux détenus sont soigneusement censurées. Les prisonniers reçoivent certes des journaux, mais pas en totalité. Beaucoup d'articles politiques ont été tout simplement découpés.

Tandis que Rudolf Hess a été condamné à perpétuité, pour Speer et pour Schirach, les portes de Spandau devront se rouvrir dans vingt ans. Ils auront alors fait jour pour jour leur vingt années de prison.

À partir de ce moment-là, le chef de la jeunesse du Reich, Baldur von Schirach, qui avait jadis écrit pour les Jeunesses hitlériennes la chanson « Notre drapeau flotte au-devant de nous », peut envisager son avenir avec sérénité.

Une tante américaine lui a laissé une fortune considérable, investie de façon sûre dans des actions des chemins de fer américains...

L'ancien chef de la jeunesse du Reich emprisonné à Spandau avait un père aristocrate et une mère américaine. Le paquet d'actions dont il hérita en 1952 lui vint de sa grand-mère Elizabeth Bolly Norris, de Philadelphie.

Quand Baldur von Schirach sera libéré de Spandau, en 1966, il aura soixante ans. Quand l'« empire de mille ans » s'effondra, il n'en avait même pas quarante. Jusqu'à la fin, il résida à Vienne en tant que gouverneur. Sa femme et ses quatre enfants se cachèrent dans les montagnes tyroliennes.

C'est le 4 mai 1945.

Henriette von Schirach se trouve sur la terrasse d'une auberge de montagne et regarde dans la vallée, en direction de Kufstein. Les premiers chars américains entrent dans la ville depuis Kiefersfelden. Beaucoup de gens se pressent dans les rues en agitant des bouquets de fleurs et des mouchoirs.

Les carottes sont cuites, disent les paysans tyroliens.

La femme du chef de la jeunesse du Reich possède deux choses : une dernière lettre de son mari et des ampoules de poison, emballées dans de l'ouate bleu clair. La lettre commence par la phrase : « Pendant que j'écris, j'entends les détonations des canons devant Vienne... » et elle se termine par la phrase latine : « *Fortuna fortes adiuvat.* » Elle ne contient aucun conseil pratique. Les ampoules de poison ont été distribuées par la chancellerie du Reich.

Les Schirach, à Hintertux, près de Kufstein, ne s'en servent pas. Henriette pense que la vie, malgré tout, continue. Robert, âgé de sept ans, se trouve dans les alpages, la « Steinalm », avec les vaches — il est heureux, là-haut, et il ne comprendrait pas très bien qu'on lui administre du cyanure.

Le 9 mai, les premiers soldats américains arrivent à Hintertux. Ils sont très gais, boivent du vin rouge et distribuent des chewing-gums aux enfants. Ils n'ont aucune idée de qui est leur père...

Le lendemain arrivent des Américains moins gentils. Ils pillent complètement la petite auberge de montagne, en laissant juste à Henriette von Schirach son alliance. Curieusement, ils emportent aussi tous les papiers d'identité. Pour les Schirach, ce n'est pas une perte, au contraire. Ils perdent ainsi un nom qui, de toute façon, ne vaut plus rien.

Bientôt, les rumeurs les plus extravagantes sur Baldur von Schirach atteignent Hintertux. Il aurait été pendu sur le pont de Florisdorf. Il se serait enfui en Suisse. Il serait passé chez les Russes, en même temps que Rendulic. La vérité sera finalement diffusée par la radio : « Schirach s'est rendu aux Américains. »

Les Américains commencent à s'installer confortablement au Tyrol. Les premiers clubs Rainbow se créent. Dans les cours des casernes, les soldats américains chantent d'autres chansons que les soldats allemands : « You are my sunshine, my only sunshine... »

Le 21 juin, une limousine arrive à Hintertux. Un capitaine du nom de Hansen en descend. « Faites vite, dit-il à Henriette. Je vous emmène voir Baldur. »

Ce n'est pas une blague. Dans un camp de réfugiés près d'Innsbruck, Henriette von Schirach peut parler pendant une demi-heure avec son mari.

« Pourquoi avez-vous fait ça pour nous ? lui demande-t-elle sur le chemin du retour.

— Nous sommes parents, répond le capitaine Hansen. Ma mère était une Middleton — la mère de Baldur était elle aussi une Middleton, elle venait du Sud, nous avons fait des recherches. »

Avec un train de réfugiés, les Schirach finissent par rentrer en Bavière. Sous un faux nom. Grâce à des papiers volés, la famille s'appelle maintenant Sandham. A Munich, un camion les emmène à Kochel.

Ici, le chef de la jeunesse du Reich et sa famille avaient habité le petit château d'Aspenstein. Maintenant, l'état-major américain s'y est installé, et les Schirach ne trouvent de la place que dans l'immeuble voisin. Le soir, Robert est envoyé en éclaireur pour voir quelle est la situation, dans la « maison principale ».

« L'ambiance était très gaie, se souvient le jeune Schirach aujourd'hui. Ils fêtaient un anniversaire quelconque. Par plaisanterie, un des officiers avait enfilé l'uniforme de Reichsleiter de mon père. »

Robert se lia d'amitié avec un garçon polonais que les Américains avaient libéré d'un camp de concentration et emmené avec eux. Ses parents avaient été tués dans le camp.

Les gens de Kochel hochaient la tête d'un air incrédule — mais l'amitié perdura. Bien sûr, ici, où tout le monde connaissait les Schirach, ils ne pouvaient plus porter le faux nom de Sandham. Toutes les semaines, des officiers du CIC venaient interroger la femme du chef de la jeunesse du Reich.

« Combien de fois êtes-vous allée à Auschwitz ?

— Je n'y suis jamais allée.

— Vous mentez », dit l'officier. Et il poursuit l'interrogatoire : « Avez-vous vous-même tiré sur des gens ?

— Non.

— Où avez-vous mis les bijoux volés de l'impératrice Marie-Thérèse ? »

C'étaient toujours les mêmes questions qui se répétaient. Avez-vous été la maîtresse de Hitler ? Où est Eva Braun ? Est-il vrai que Baldur est un enfant adopté et qu'il s'appelle en réalité Meier ? Est-il vrai qu'il est homosexuel ? »

Dans les mois qui suivirent, les Schirach déménagèrent plusieurs fois. De Kochel, ils partirent dans une maison de chasse à Urfeld. Puis ils s'installèrent à l'hôtel de la Poste, dans la Jachenau. Henriette von Schirach fut arrêtée trois fois et, trois fois, elle fut relâchée. En 1948, elle fut libérée définitivement.

Avant cette date, elle alla — comme la plupart des femmes de nazis connus — plusieurs fois à Nuremberg pour voir son mari. C'est entre autres à ce propos qu'elle fut interrogée en rentrant.

« Vous allez souvent à Nuremberg ?

— Oui.

— Vous allez à des soirées, là-bas ?

— Non.

— Mais vous avez une liaison avec l'avocat général, Thomas Dodd.

— Je ne connais pas de Mister Dodd.

— Vous le jurez ? »

Henriette von Schirach jura de ne pas avoir de liaison avec l'avocat général des procès de Nuremberg, Thomas Dodd. Elle prononçant le serment, elle dut poser sa main sur la Bible, sur la croix dorée qui en ornait le couvercle.

Aujourd'hui, un crucifix est accroché aussi dans la cellule de Baldur von Schirach, à Spandau. Il a été confectionné pour lui à Oberammergau. Sur sa petite table sont posées des photos de ses trois fils et de sa fille. Il n'y a pas de photo de sa femme...

Henriette von Schirach a demandé le divorce en 1950, et elle a repris son nom de jeune fille, Hoffmann.

Pourquoi ?

Lorsque, après son divorce devant le tribunal de Munich, un journal écrivit qu'elle avait divorcé parce qu'on ne pouvait pas exiger d'elle de continuer à être l'épouse d'un criminel de guerre, elle porta plainte contre un rédacteur hambourgeois et se défendit dans une lettre envoyée au *Süddeutsche Zeitung* : « Jamais, en aucune occasion, je ne me suis exprimée ainsi. Cela peut se vérifier dans les protocoles de quatre procès et de dix-sept interrogatoires, Baldur von Schirach n'est pas un criminel de guerre, il est idéaliste, beaucoup trop bien pour la politique... »

Probablement, fait-elle allusion au fait que Baldur a écrit des poèmes tout au long de sa vie. Jadis, il avait chanté : « Comme les cœurs chauds sont endoloris, comme les drapeaux flottent dans l'air blême ; autour de la bouche d'une mère fatiguée tressaille un pressentiment... » Aujourd'hui, il continue à donner dans la poésie. Quand, en 1948, il réussit à faire sortir de prison un message destiné à sa femme, la feuille portait l'inscription suivante : « Nous n'avons pas vu le bonheur lorsque nous le possédions. Maintenant, il est anéanti. Ce qui est est toujours menacé. Seul ce qui a été demeure inaltérable. Même s'il ne revient jamais, le bonheur qui était le nôtre reste notre bonheur. »

Sa femme lui répond avec amertume : « T'es-tu jamais demandé comment nous réussissons à exister ? As-tu jamais vu les réalités de la vie, t'es-tu jamais soucié de savoir où ta femme et tes enfants allaient trouver leur prochain repas... ? »

« Je n'ai pas d'objections contre le divorce, écrivit Baldur von Schirach au tribunal. Je ne lui souhaite que le meilleur. Elle doit savoir ce qu'elle doit faire dans cette situation. »

Les enfants furent placés sous la tutelle de l'administration sociale chargée de la jeunesse du département de Kaufbeuren. Robert et Richard furent envoyés à l'orphelinat protestant de Kaufbeuren. Une fois par an, l'orphelinat autorisait les enfants à faire le voyage à Berlin...

Aujourd'hui, ils gagnent suffisamment d'argent pour payer eux-mêmes les frais du voyage. Régulièrement, ils envoient des courriers à toutes les instances possibles et imaginables pour demander la libération anticipée de leur père. Ils ont fait des tentatives lors des sommets de Genève et de Paris. Chaque fois que les quatre anciennes puissances alliées se sont mises autour d'une table de conférence dernièrement, les fils de Baldur von Schirach se sont battus pour la cause de leur père.

Mais, pour l'instant, à aucune de ces rencontres, le destin des prisonniers de Spandau n'a été évoqué.

Un dernier rendez-vous chez l'avocat

Robert von Schirach, qu'interviewa mon père, a disparu depuis longtemps. Il est mort au début des années 70 dans un accident de voiture. Je suis assis en face de son frère, dans son cabinet de la Leopoldstrasse, à Munich. Klaus von Schirach est avocat. L'entretien commence, et il sourit à la fois gentiment et un peu ironiquement. C'est un sourire censé créer une distance, surtout. Il dit : « Je vous donne un tuyau : écrivez quelque chose sur les histoires qui ont été publiées sur nous autres enfants de nazis dans les médias. Là, vous apprendrez quelque chose sur cette société, sur le journalisme. Ce sera instructif. Là, vous tenez un sujet. »

Klaus von Schirach est bel homme, il est élégant, mince, avec une épaisse chevelure blanche. Il porte une chemise violette, une veste anglaise à carreaux, une cravate grise. « Nous autres enfants de nazis sommes parfaitement inintéressants. Il n'y a que ce que les autres ont toujours voulu voir dans nos vies. Nous-mêmes, nous n'avons pas beaucoup d'intérêt. »

De quoi veut-il parler quand il dit : « là, vous apprendrez quelque chose sur cette société » ? Évidemment, il fait allusion au voyeurisme qui la caractérise. Tiens, regarde, voilà le fils de Schirach, ce grand nazi. Qu'est-ce que tu en penses : crois-tu qu'il a souffert d'avoir un père pareil ? Ou : Je me demande s'il serait devenu nazi lui-même, ne dit-on pas : tel père, tel fils ?

Ou veut-il parler aussi d'autre chose ? La société actuelle a toujours traité les nazis célèbres un peu comme des animaux dans un zoo. Un bref regard horrifié, et voilà, terminé. De cette façon-là, on n'a pas besoin de s'interroger sur son propre rôle. Les enfants de nazis : une sorte de paratonnerre de l'histoire allemande ?

Je ne peux pas lui poser toutes ces questions en détail parce que notre conservation est très tendue. Au bout de quelques minutes, déjà, il dit : « Bon, voilà, on va arrêter là, j'ai déjà parlé beaucoup trop de moi. » Finalement, nous continuons tout de même à parler. Cela se passe toujours d'après le même schéma : il raconte quelque chose, brièvement. Puis il dit : « Non, je parle trop. » Il me fait l'effet de quelqu'un dont le cœur, à chaque instant, menace de déborder. Et qui veut s'interdire justement ce débordement. Est-ce à cause de tout ce qu'il réprime ? En tout cas, assis en face de lui, je me dis : cet homme est un roman.

Il dit que, tout au long de sa vie, il a été diplomate. Il a été obligé. Depuis l'enfance, depuis la fin de la guerre. « Je me suis toujours adapté, où que j'aie débarqué. Je n'ai jamais osé quoi que ce soit, je voulais simplement satisfaire tout le monde. À l'école, j'admirais les enfants qui se révoltaient, qui étaient insolents, qui piquaient des colères. Moi, je ne pouvais pas. Je voulais surtout ne pas me faire remarquer. Bien sûr, c'est lié à mon nom, à mon histoire. »

Il raconte que, plus tard, en tant qu'avocat, dans des procès de divorce, il a souvent rencontré des enfants qui avaient des réactions semblables. Des petits diplomates. Des enfants qui voudraient presque se dissoudre et qui, surtout, ne veulent pas qu'on les remarque. En psychologie, ces cas ont été décrits. Beaucoup d'entre eux perdent les pédales, à un moment donné de leur vie, ils deviennent coléreux. « Moi, je m'en suis bien sorti, dit Klaus von Schirach. Mais toute ma vie a sans doute tourné autour de ce principe, je suis quelqu'un d'extrêmement émotif, mais en même temps je me maîtrise beaucoup. »

« J'entre trop dans ma vie privée », dit-il en faisant mine de se lever.

Je demande : « Monsieur von Schirach, quand votre mère est-elle morte, au fait ?

— Bonne question », dit-il. Et il fait une pause qui est tellement longue qu'on est presque obligé de l'interpréter. Il aurait beaucoup souffert du divorce de ses parents, de leur séparation, voulue par la mère, pensent certains. Ils disent qu'il n'a jamais pardonné à sa mère qu'elle n'ait pas été solidaire du père quand celui-ci a été en prison, quand il a été au plus bas. Klaus von Schirach finit par dire : « En 1992, je crois. Oui, à un moment quelconque de l'année 1992.

— Qu'est-ce qui vous a marqué, dans votre vie ? »

Il dit que c'est difficile à dire, « beaucoup de choses ». Bien sûr, l'absence des parents. Déjà, avant la fin de la guerre, son père n'a jamais été beaucoup à la maison, « comme c'est sans doute le cas aussi des hommes politiques aujourd'hui ». Lorsque le père a été libéré, en 1966, après vingt années de prison, en même temps qu'Albert Speer, ses trois fils sont allés le chercher. Mais Baldur von Schirach n'arrivait pas à retrouver pied, dehors, « c'était sûrement un homme brisé ». Non pas à cause de la longue peine de prison. « Quand il a compris, peu à peu, ce qu'étaient devenus les idéaux, la catastrophe à l'origine de laquelle ils ont tous été, à partir de ce moment-là, mon père a été détruit. » Il dit que son père n'a jamais essayé de relativiser la folie des nationaux-socialistes, contrairement à beaucoup d'autres dirigeants nazis. De cela, Klaus von Schirach est fier, peut-on lire dans une interview qu'il avait donnée précédemment.

« Ce qui m'a marqué ? » répète-t-il. Il y a sans doute entre autres une brève rencontre avec Adolf Hitler, dit Klaus von Schirach, qui est âgé aujourd'hui de soixante-trois ans. La rencontre eut lieu à Vienne, dans la maison des Schirach, « il y avait ses yeux, son regard. Je ne l'oublierai jamais ». Il y a Adolf Hitler d'une manière générale : « Je revois toujours cette image, comment il est assis, là, dans son fauteuil, au quartier général du Führer, et comment il n'arrête pas de caresser son berger allemand, c'est Wagner et Shakespeare et tout cela réuni. » Klaus von Schirach dit : « Je suis content d'avoir fait ces expériences au début du national-socialisme. » Content ? C'est qu'il n'y avait pas que les crimes, dit-il, au début, ce qui importait, c'était tout autre chose : le sens du devoir, la solidarité, l'abnégation, « c'est quand même pas rien ».

Les Jeunesses hitlériennes de son père. Il en parle comme si ç'avait été les siennes. Il y a eu beaucoup de gens merveilleux, dit-il, « mais on les a trahis. Comme Hitler a trahi mon père ». Quelques-uns de ces membres des Jeunesses hitlériennes se sont associés, après la guerre, pour financer les études de Klaus von Schirach, le fils de leur chef. Avec quelques-uns d'entre eux il est encore en contact aujourd'hui, « ce sont des gens bien ». Klaus von Schirach continue lui aussi à vivre la vie de son père quand il dit : on aurait dû faire des Jeunesses hitlériennes le centre de la nouvelle Allemagne, « il aurait fallu utiliser cette force ». Il aurait fallu leur donner la possibilité de se venger des criminels, dit-il. Les Jeunesses hitlériennes. Le père. Les méchants, c'étaient les autres.

Notre entretien touche à sa fin. Il explique que le meilleur moyen de comprendre le national-socialisme, c'est encore de l'envisager comme une religion. L'importance du design, le pathos du message. D'après Klaus von Schirach, ce n'est que de cette façon-là qu'on pourra s'expliquer tant bien que mal que tant de gens aient suivi le mouvement inconditionnellement.

Religion. Abus de religion. Fondamentalisme. Le message était la loi du plus fort. Celui qui est en bonne santé vaut plus que le malade. Un être beau vaut plus qu'un être laid. Un Allemand, plus qu'un étranger. Un jeune homme, plus qu'un vieillard. Ce qui compte, c'est la force, la faiblesse est digne de mépris : voilà la loi « naturelle » en vigueur.

Est-ce peut-être de cela que voulait parler Theodor Hupfauer, vieux nazi, ancien fidèle collaborateur de Speer, peu avant sa mort, quand il disait à quel point il se sentait bien, dans les années 90 ? Les vieux idéaux regagnent de la valeur, reprennent de l'importance, disait-il.

Est-ce peut-être cela qui constitue le côté tragique de tant d'enfants de nazis ? Ce dont ils auraient eu absolument besoin pour gérer leur vie, c'est de faiblesse, d'admettre leur propre faiblesse. Mais dans l'éducation que leur ont donnée leur parents, le mot faiblesse n'existait pas.

Klaus von Schirach m'accompagne à la porte. « C'était quand même une étrange époque. Douze ridicules années ont suffit pour que certains noms ne soient plus jamais oubliés. Et un de ces noms est le mien. En fait, il n'y a rien de plus à en dire. »

Épilogue

La mémoire est une affaire compliquée. Chacun se fait son propre film à partir de sa vie. Que s'est-il réellement passé ? Plus un événement se situe loin dans le temps, plus les réponses à cette question sont variées. Tous ceux qui ont pu observer, dans des cours de justice, à quel point la recherche de la vérité est un travail laborieux, connaissent cette problématique. Quarante ans après la parution de l'article sur Bormann, Martin Bormann junior a relu le manuscrit de l'époque. Il a aujourd'hui des objections en ce qui concerne la présentation des événements, en particulier du déroulement chronologique de certains faits. En outre, il considère que le chemin qui l'a mené à la religion est décrit d'une façon qui prête à malentendu et trop simplifiée. Nous aimerions donc attirer l'attention du lecteur sur l'autobiographie de Martin Bormann, *Leben gegen Schatten* (« Vivre contre des ombres »), dans laquelle il décrit longuement son parcours et sa vision des choses.

La publication de tous les textes de Norbert Lebert a été autorisée à l'époque par les personnes concernées.

Table

Photocoposition NORD COMPO
59650 Villeneuve-d'Ascq

Imprimé en France par Gibert Clarey S.A. à Tours
pour le compte des Editions Plon
N° d'édition : 13537 - N° d'impression : 02090035
Dépôt légal : septembre 2002